「**主要教科の復習をしながら、無理なく基礎力がつくプリント**をつくれないだろうか」——これが、このプリントを制作した動機です。

さいわい、今までに各教科で同じ趣旨のプリント制作にたずさわってまいりました。そこで、それらのプリントでつちかった経験や、問題も一部でいかしながら、**主要教科の大切なことがらをもれなく取り上げた**のが、この「**らくらく全科プリント**」です。

学年の総仕上げや学期の復習、単元のおさらいなど、いろいろな用途にお使いいただけます。

本書の特色

- **基礎的な問題が無理なく学習**できるよう配慮しました。
- 子どもが**ゆったり書けるレイアウト**にしました。
- 書き込み問題を中心にし、**学力の定着がはかれる**ようにしました。
- 漢字学習では**ひとつの漢字が、たくさんの熟語を作れる**ことを実感できる構成にしました。
- **学習の世界を広げる**など、様々なおもしろヒントをすべての項目につけました。
- 子どもが**手本にできる手書き文字**を採用しました。

つかいかた

①がくしゅうは　まいにち　すこしずつでも　つづけるように
　しましょう。
②このプリントは　みひらき　２ページが　１かいぶんです。
　どの　ページからでも　とりくめます。こくごは　うしろがわから
　はじまっています。
③ひらいた　ページの　もんだいを、まず、３かい　しっかり　よみましょう。
④こたえを　かきおわったら、ぜんたいを　ていねいに　よみなおしましょう。うっかりミスを　なくせます。
⑤さいごに　こたえあわせを　しましょう。まちがった　もんだいは、すぐ　やりなおして　100てんまんてんに　しましょう。
◆きょうかしょと　こくごじてんは、いつでも　つかえるように　しておきましょう。

もくじ

さんすう

せいかつ

こくご

さんすう

月　日

とくてん　／100

1　10までの　かず

1 タイル《たいる》の　かずを　かぞえて　すうじで　かきましょう。

（ひとつ　5てん）

① 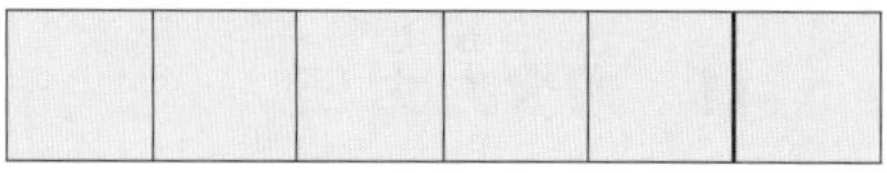 ………すうじは（　　　）

② 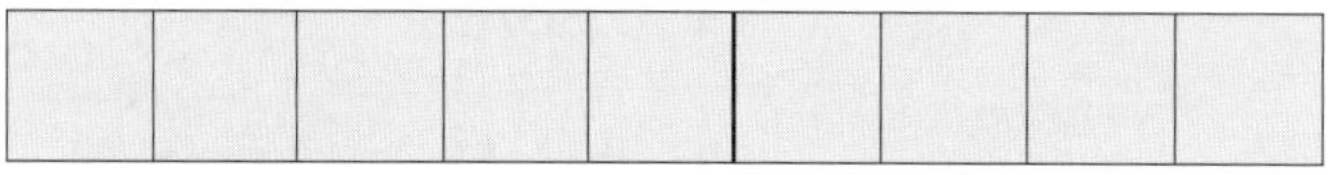 ……（　　　）

③ 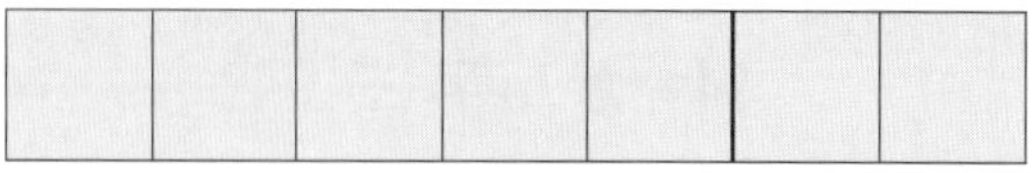 ……………（　　　）

④ 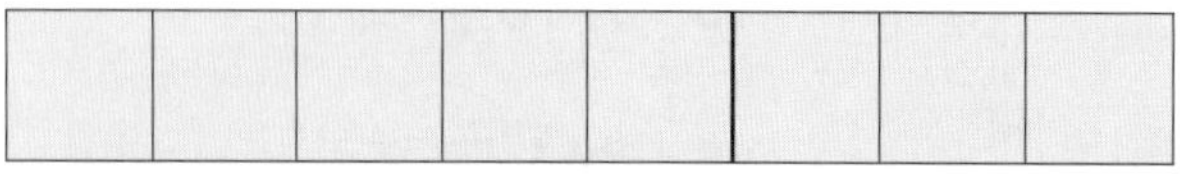 …………（　　　）

⑤ 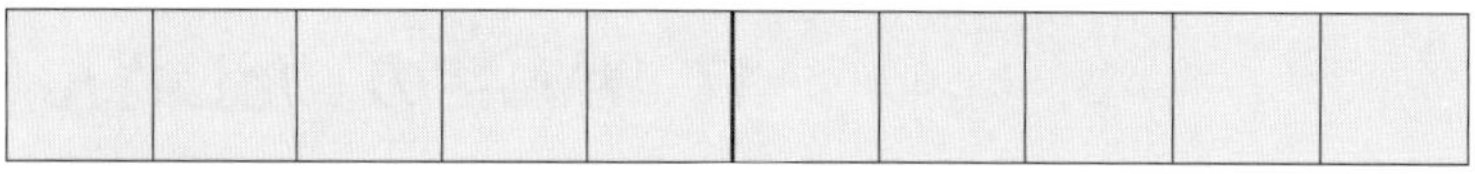 ……（　　　）

2 すうじの　かずだけ　タイルに　いろを　ぬりましょう。

（ひとつ　5てん）

① 10 ………

② 7 ………

③ 6 ………

④ 9 ………

⑤ 8 ………

ヒント

みの　まわりに　ある　ものを　かぞえて　みましょう。
とけいの　すうじや　カレンダー《かれんだあ》の　すうじを　よんで　みましょう。

3 つみきを　かぞえて　すうじを　かきましょう。

（ひとつ　5てん）

〈れい〉　①　②　③　④

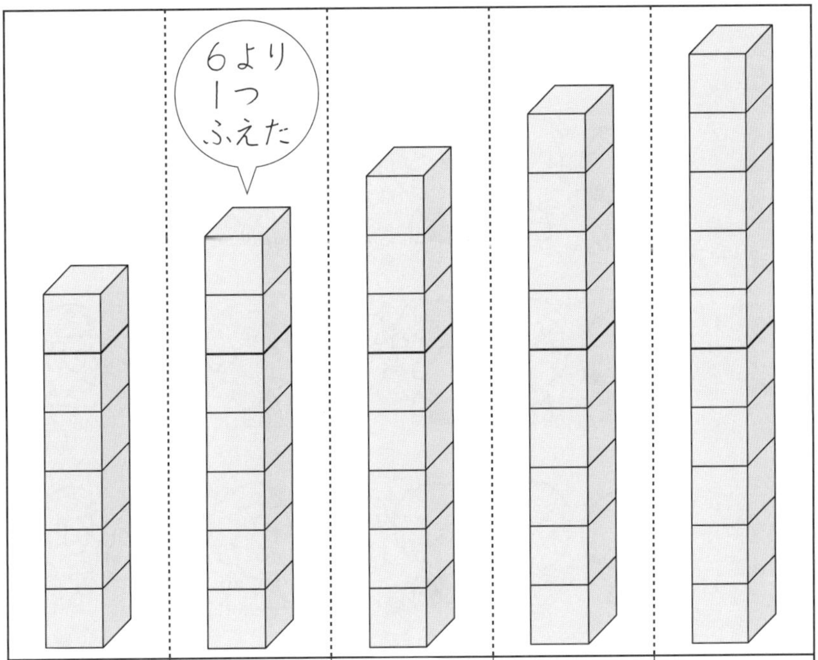

すうじ 〈れい〉	①	②	③	④
6			9	10

4 □に　あてはまる　すうじを　かきましょう。

（ひとます　5てん）

①	6 →	□ →	8 →	□ →	10	
②	□ →	7 →	□ →	9 →	10	
③	5 →	6 →	□ →	□ →	9 →	10

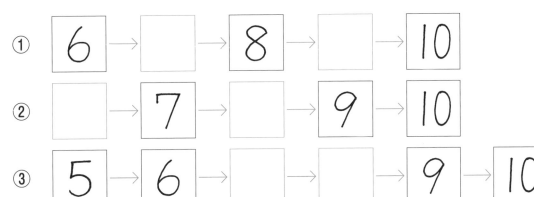

さんすう　　月　日

とくてん　／100

2 なんばんめ

1 ⬭で　かこみましょう。　（ひとつ　5てん）

① まえから
3にん

② まえから
3ばんめ

③ うしろから
5にん

④ うしろから
5ばんめ

⑤ みぎから
4ばんめ

⑥ ひだりから
2ばんめ

⑦ うしろから
3だい

⑧ まえから
2だい

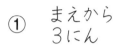

ヒント
まえから　3ばんめが　わかったら、うしろからも　かぞえて　みましょう。
⑧で　2だいを　○で　かこんだら、かこんでいない　くるまは　5だいです。

2　えを　みて　こたえましょう。　（ひとつ　10てん）

あいりさんは　まえから　5ばんめです。

① あいりさんの　まえには、なんにんいますか。

（　　　　　　）

② あいりさんの　うしろには、なんにんいますか。

（　　　　　　）

③ あいりさんは、うしろから　なんばんめですか。

（　　　　　　）

3　えを　みて　こたえましょう。　（ひとつ　15てん）

① まさきさんは　まえから　4ばんめです。
まさきさんの　まえには　なんにんいますか。

（　　　　　　）

② たくやさんの　まえに　4にんいます。
たくやさんは　まえから　なんばんめですか。

（　　　　　　）

さんすう　月　日

3 いくつと　いくつ

とくてん　／100

1 □に　あてはまる　かずを　かきましょう。（ひとつ　5てん）

①

10	
6	4

②

9	
5	

③

8	
3	

④

7	
4	

⑤

6	
1	

⑥

10	
3	

⑦

7	
6	

⑧

8	
4	

⑨

9	
7	

⑩

6	
3	

ヒント

ペットボトル《ぺっとぼとる》の　キャップ《きゃっぷ》などを　つかって、かずを　かぞえて
わけましょう。

⑪

8	
6	

⑫

9	
3	

⑬

10	
2	

⑭

10	
4	

⑮

6	
4	

⑯

7	
2	

⑰

9	
6	

⑱

8	
5	

⑲

7	
3	

⑳

10	
7	

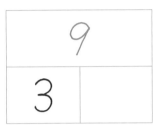

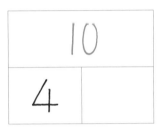

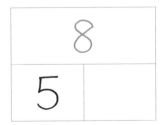

さんすう

月　日

4 あわせて？　ふえると？

とくてん　／100

1 しきと　こたえを　かきましょう。（ひとつ　10てん）

① しろい　はなが　４ほん、あおい　はなが　３ぼん　あります。はなは　あわせて　なんぼん　ありますか。

（しき）

□ ＋ □ ＝ □

こたえ □ ほん

② こどもが　３にん　あそんで います。そこへ　３にんの　こどもが　きました。こどもは　あわせて　なんにんに　なりましたか。

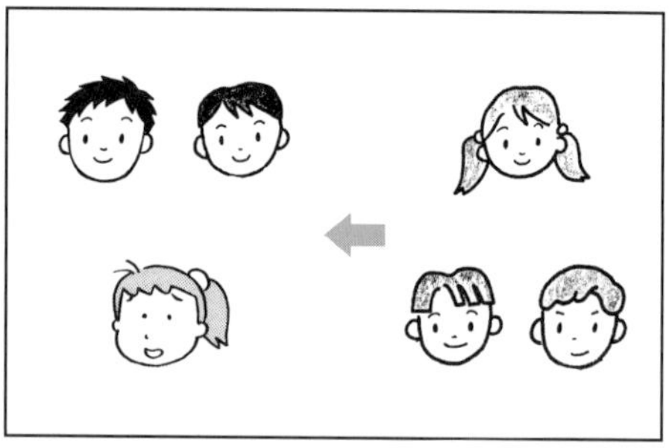

（しき）

□ ＋ □ ＝ □

こたえ □ にん

ヒント

3にんと　5にんを　あわせるのは、3＋5の　たしざんです。もっと　すうじが　おおきくなって、300まいと　500まいを　あわせるのも　たしざんです。

2　けいさんを　しましょう。

（ひとつ　4てん）

① $5+2=$

② $8+1=$

③ $2+7=$

④ $6+2=$

⑤ $4+3=$

⑥ $2+3=$

⑦ $5+4=$

⑧ $3+6=$

⑨ $1+6=$

⑩ $8+2=$

⑪ $5+3=$

⑫ $1+7=$

⑬ $4+4=$

⑭ $7+3=$

⑮ $1+2=$

⑯ $2+6=$

⑰ $3+5=$

⑱ $6+3=$

⑲ $9+1=$

⑳ $4+6=$

さんすう　　月　日

5 のこりは？　ちがいは？

とくてん　／100

1 しきと　こたえを　かきましょう。　（ひとつ　10てん）

① あめを　6こ　もっていました。2こを　ともだちに　あげました。のこりは　なんこに　なりますか。

2この　あめを
○で　かこみましょう。

（しき）

□ － □ ＝ □

こたえ □ こ

② コップ《こっぷ》が　8こ　あります。はブラシ《ぶらし》は　7ほん　あります。コップは、はブラシより　なんこ　おおいですか。

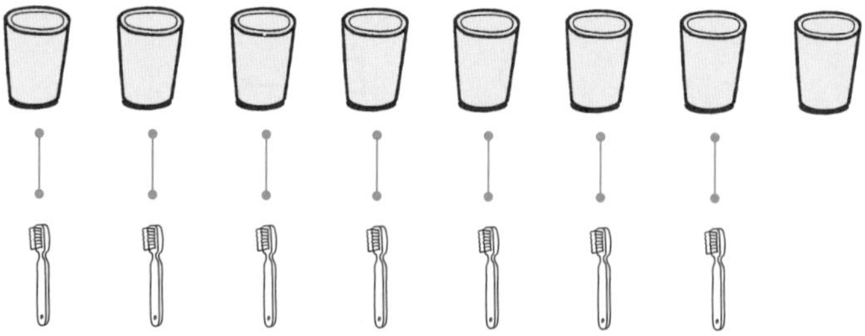

（しき）

□ － □ ＝ □

こたえ □ こ

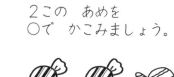

ヒント

あかい　はな　5ほんと　しろい　はな　3ぼんの　ちがいは、5－3の　ひきざんです。
もっと　すうじが　おおきくなって、500ぽんと　300ぽんを　ひくのも　ひきざんです。

2 つぎの　けいさんを　しましょう。　（ひとつ　4てん）

① $4-3=$

② $8-2=$

③ $10-7=$

④ $5-1=$

⑤ $9-1=$

⑥ $6-3=$

⑦ $7-4=$

⑧ $8-6=$

⑨ $9-5=$

⑩ $10-4=$

⑪ $8-7=$

⑫ $6-5=$

⑬ $9-4=$

⑭ $10-3=$

⑮ $4-2=$

⑯ $9-8=$

⑰ $8-3=$

⑱ $7-3=$

⑲ $10-9=$

⑳ $10-5=$

さんすう

月　　日

6　10より　おおきい　かず

とくてん

／100

1　かずを □ に　かきましょう。（ひとつ　4てん）

①

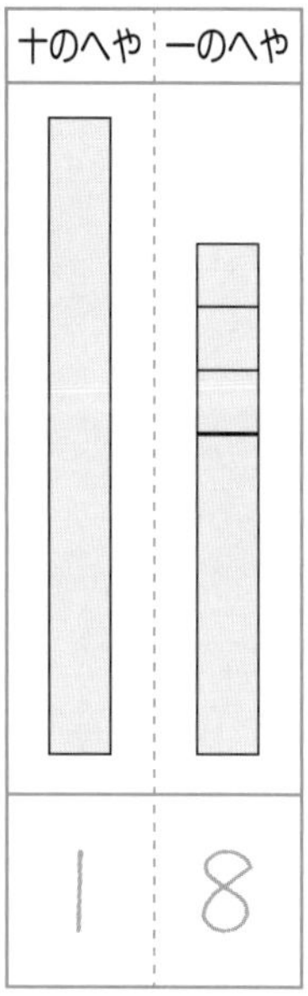

②

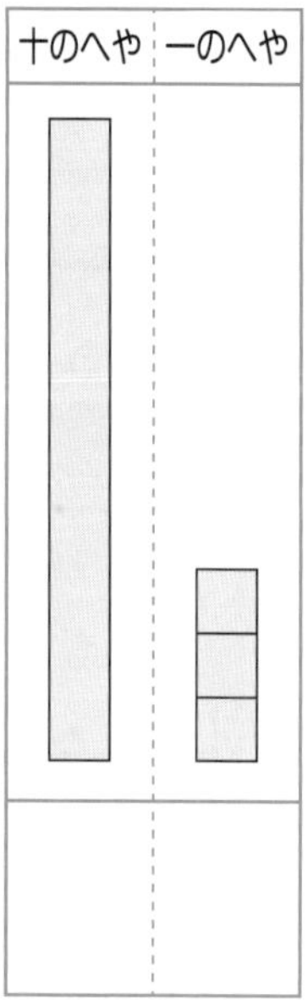

③

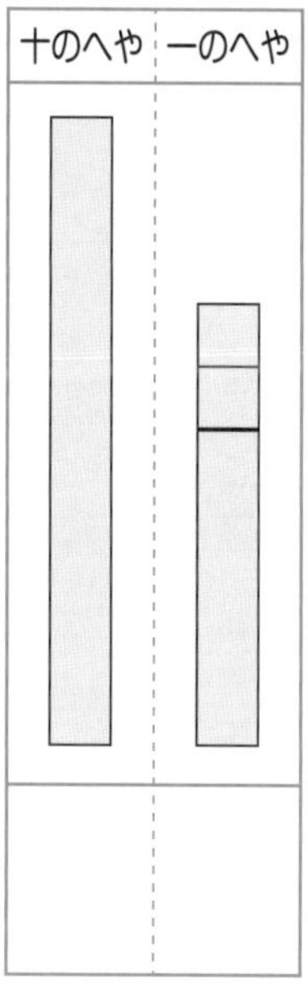

④

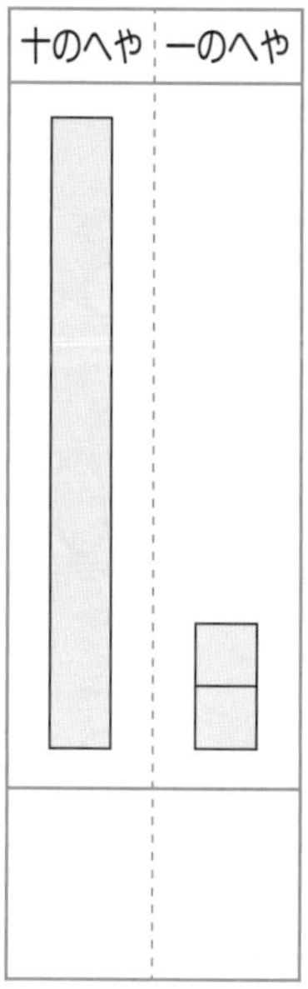

2　かずだけ　タイル《たいる》に　いろを　ぬりましょう。（ひとつ　4てん）

①

15

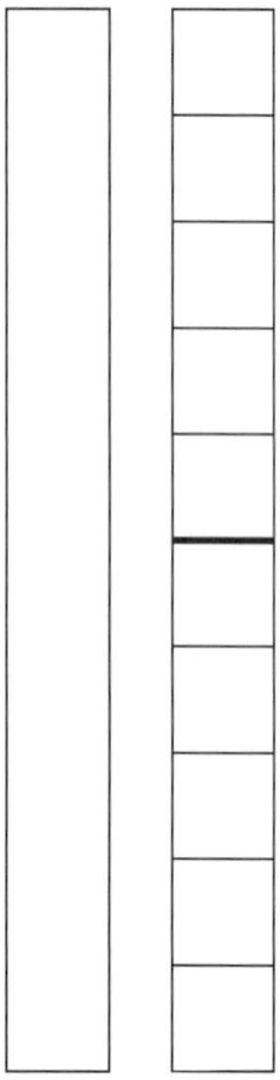

②

12

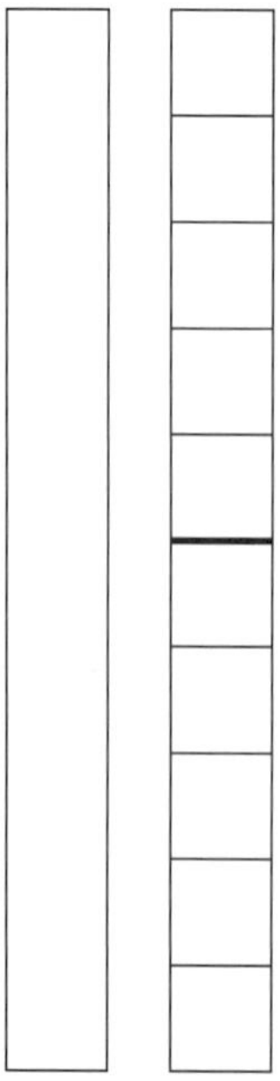

③

17

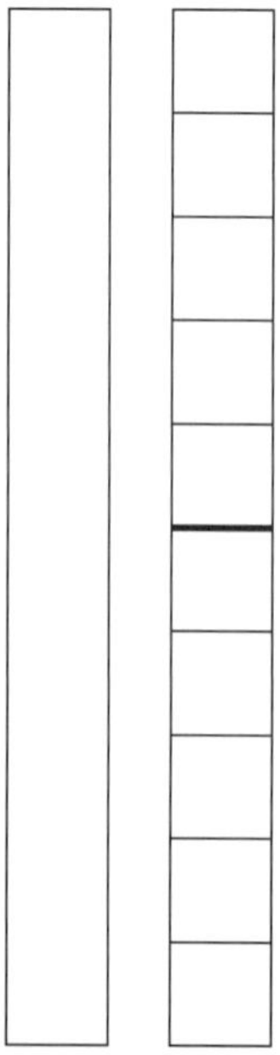

④

14

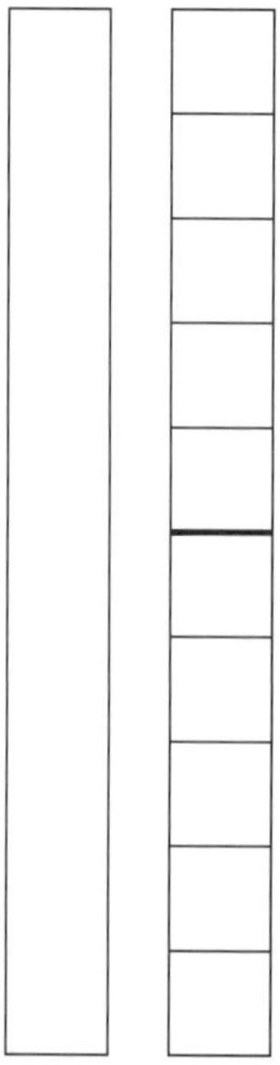

ヒント

10に なると 「十《じゅう》のへや」に はいります。10から 19までは、「十のへや」の かずは 「1」です。

3 □に あてはまる かずを かきましょう。（ひとます 4てん）

① 9 → □ → 11 → □ → 13 → □

② 12 → 13 → □ → □ → □ → 17

③ 14 → □ → □ → 17 → □ → 19

④ 7 → □ → □ → □ → 11 → □

⑤ 10 → 9 → □ → 7 → □ → 5

⑥ 17 → 16 → □ → 14 → □ → 12

7 どちらが　ながい

1 たてと　よこでは　どちらが　ながいですか。

（ひとつ　10てん）

①

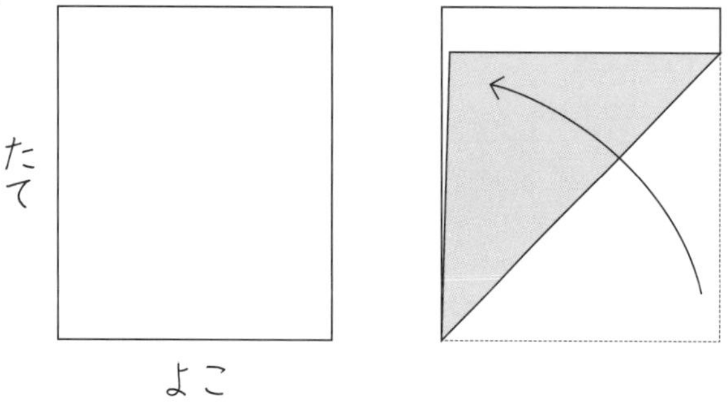

こたえ ＿＿＿＿＿＿

②

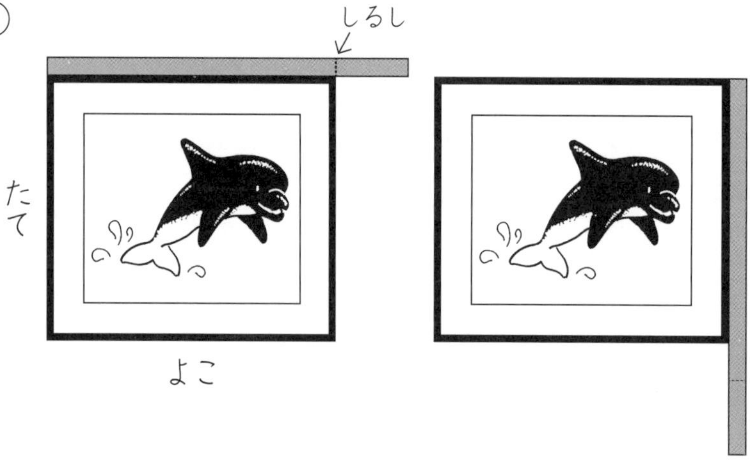

こたえ ＿＿＿＿＿＿

2 ながい　ほうに　○を　しましょう。　（10てん）

あ（　　）

い（　　）

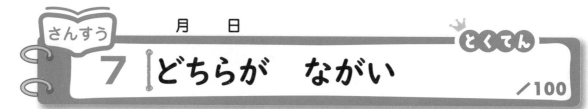

ヒント

しんぶんしは、たてと　よこの　ながさが　くらべられます。ダンボール《だんぼおる》の　はこは、たてと　よこと　たかさを　くらべることが　できます。

3 ながい　じゅんに（　　）に　1、2、3、4、5、6、7を　かきましょう。（ひとつ　10てん）

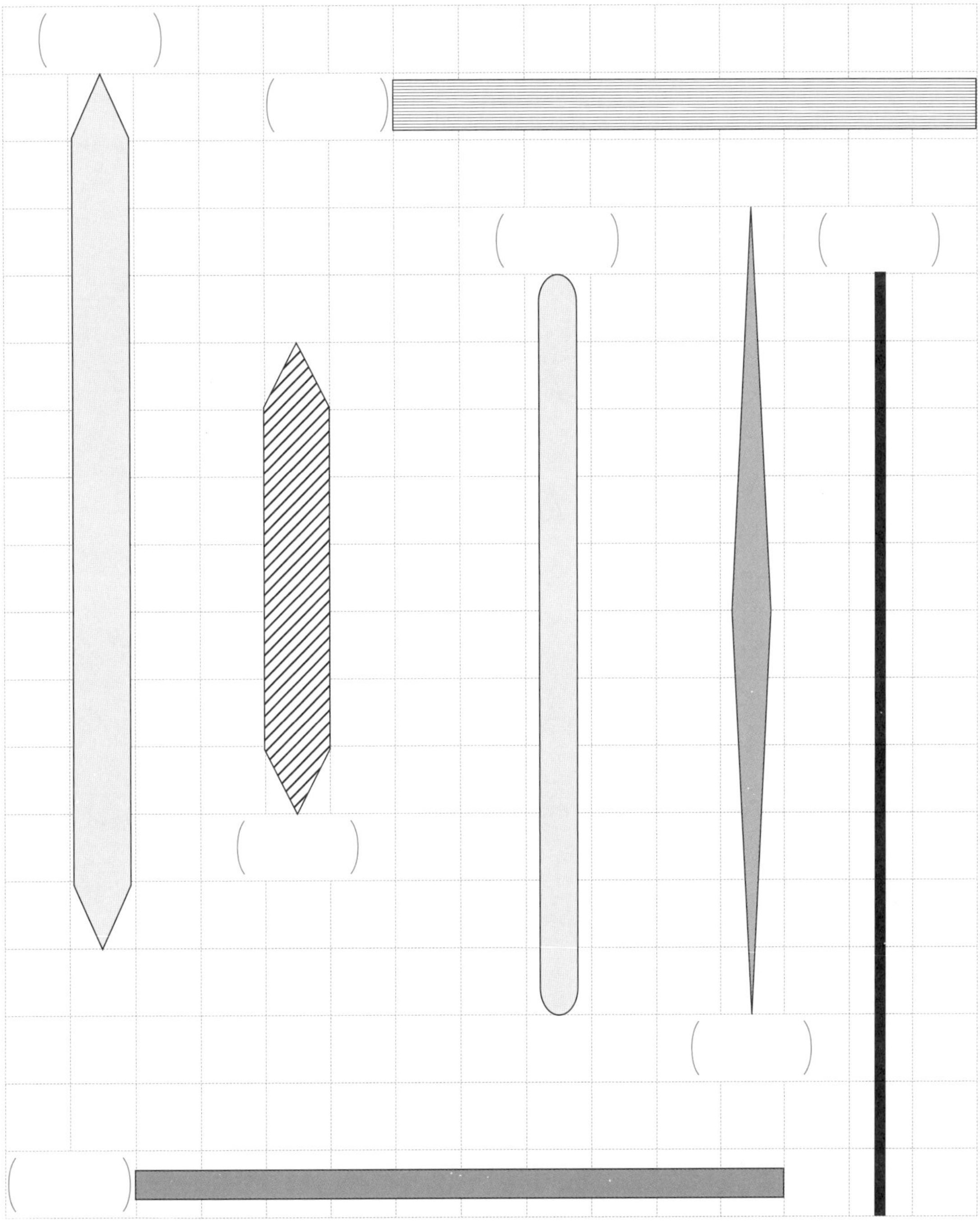

月　　日

8 どちらが　おおい

とくてん

／100

1 みずが　いちばん　おおいのは　どれですか。
いちばん　すくないのは　どれですか。（ひとつ　10てん）

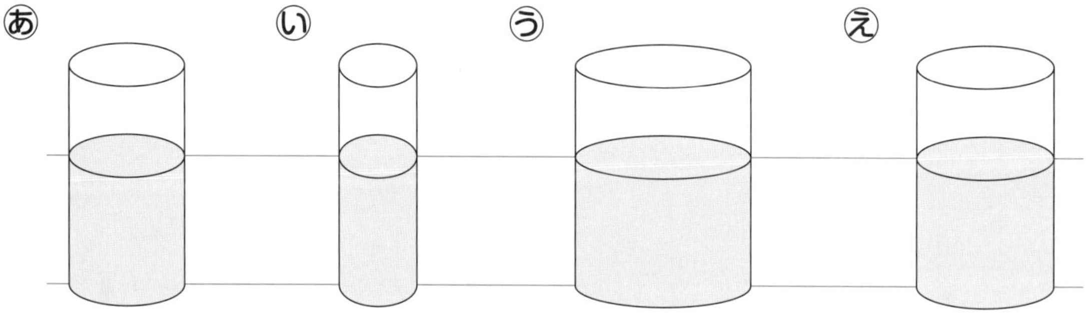

① いちばん　おおいのは ＿＿＿＿＿＿

② いちばん　すくないのは ＿＿＿＿＿＿

2 みずが　いちばん　おおいのは　どれですか。
いちばん　すくないのは　どれですか。（ひとつ　10てん）

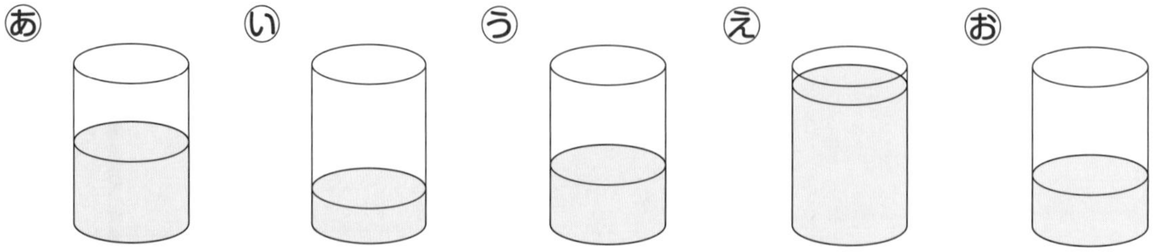

① いちばん　おおいのは ＿＿＿＿＿＿

② いちばん　すくないのは ＿＿＿＿＿＿

ヒント

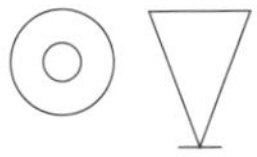

うえから　みると　まるく、よこから　みると　さんかくの　グラス《ぐらす》に ジュース《じゅうす》を　いれると、たくさん　はいって　いるように　みえます。

3 いれものに　まんぱいの　みずを　コップ《こっぷ》に　あけると　あと　いの　ように　なりました。
どちらが　どれだけ　おおいですか。　(20てん)

あ

い

こたえ ＿＿＿＿が＿＿＿＿はいぶん　おおい＿＿＿＿

4

あ

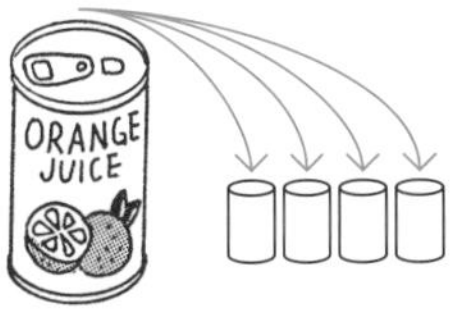

い

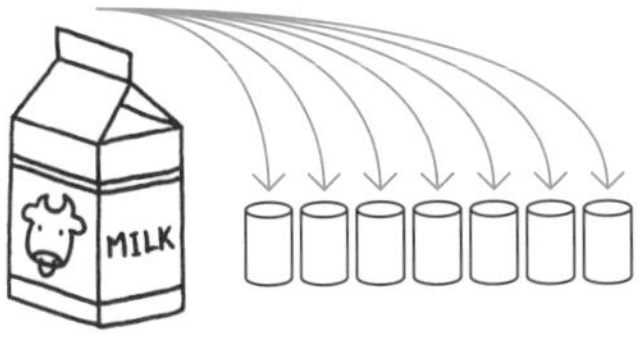

う

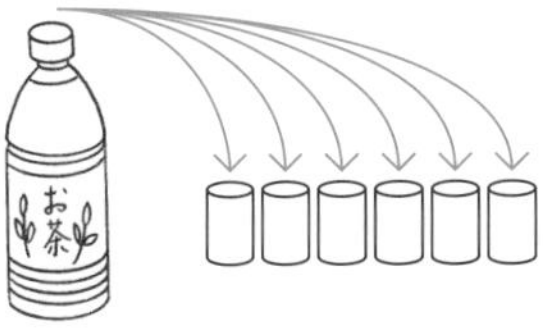

① あと　いの　ちがいは、コップ　なんばいぶんですか。　(20てん)

こたえ ＿＿＿＿＿＿ばいぶん

② あと　うの　ちがいは、コップ　なんばいぶんですか。　(20てん)

こたえ ＿＿＿＿＿＿はいぶん

さんすう　　月　　日

9 かたち (1)

とくてん　　/100

1 まるには　あかいろ、しかくには　あおいろ、さんかくには　きいろを　ぬりましょう。（ひとつ　5てん）

ヒント

まる・さんかく・しかくは、よく　しっている　かたちですね。まると　しかくの　ものは、すぐに　みつけられますが、さんかくは　みつかりますか。

2 かたちを　なかまに　わけて、（　　）に　ばんごうを　かきましょう。
（ひとつ　5てん）

①

②

③

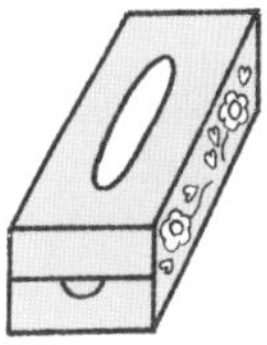

④

⑤

⑥

⑦

⑧

⑨

⑩

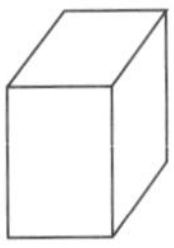（　　　　　　　）

（　　　　　　　）

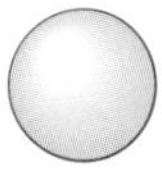（　　　　　　　）

10 かたち (2)

1　を　4まいで　つくった　かたちです。
2まいを　あかいろで、のこりの　2まいは　あおいろで　ぬりましょう。　（ひとつ　10てん）

（れい）

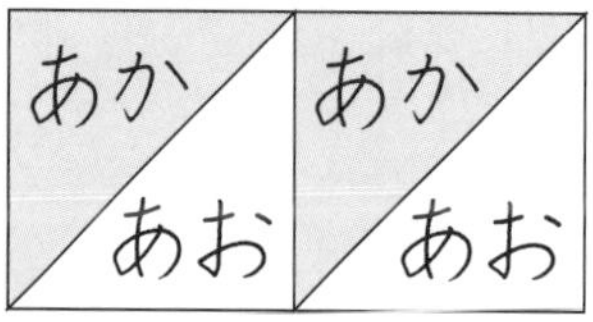

①

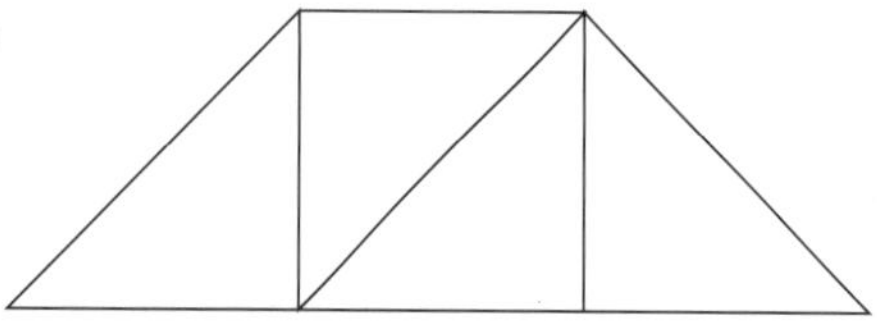

②

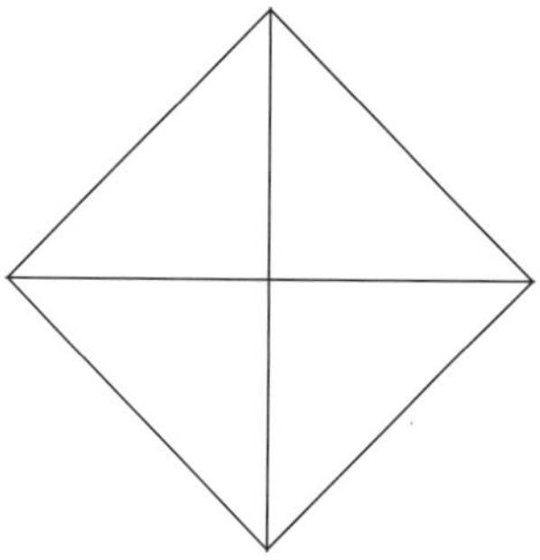

③

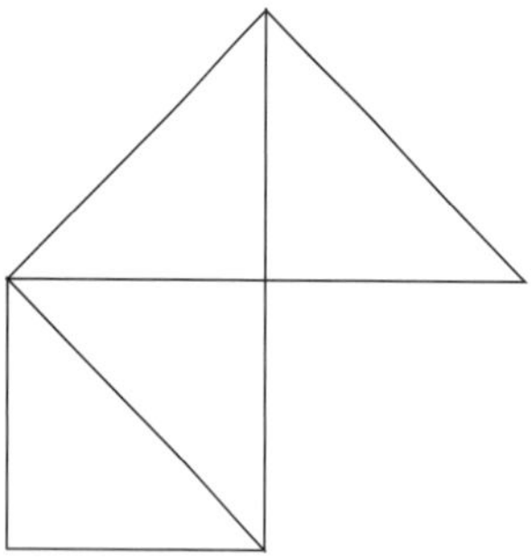

④

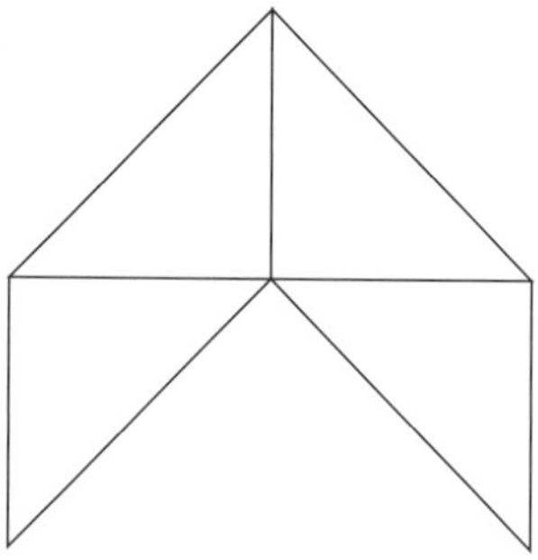

⑤

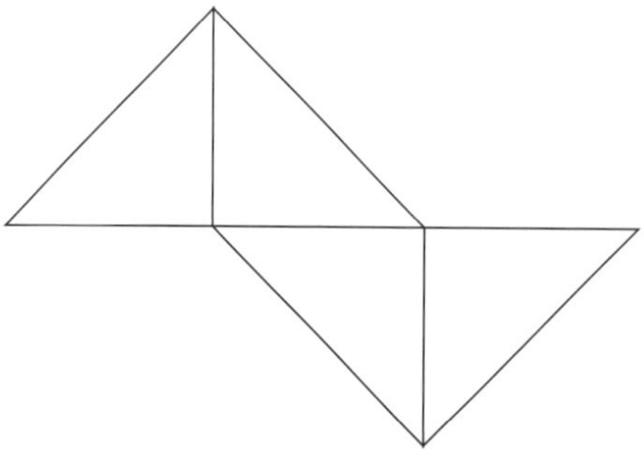

2の　①②③のように　おりがみを　きって　かたちあそびを
してみましょう。

2　しかくを　…………　で　きります。
さんかくは　なんこ　できますか。　（ひとつ　10てん）

①

こたえ＿＿＿＿＿

②

こたえ＿＿＿＿＿

③

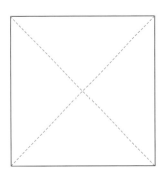

こたえ＿＿＿＿＿

④

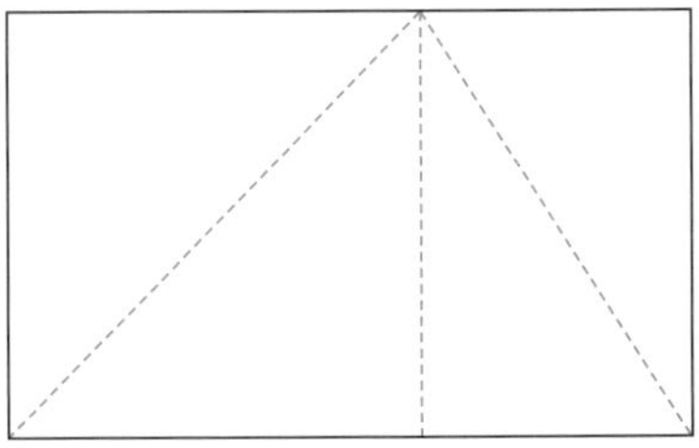

こたえ＿＿＿＿＿

⑤

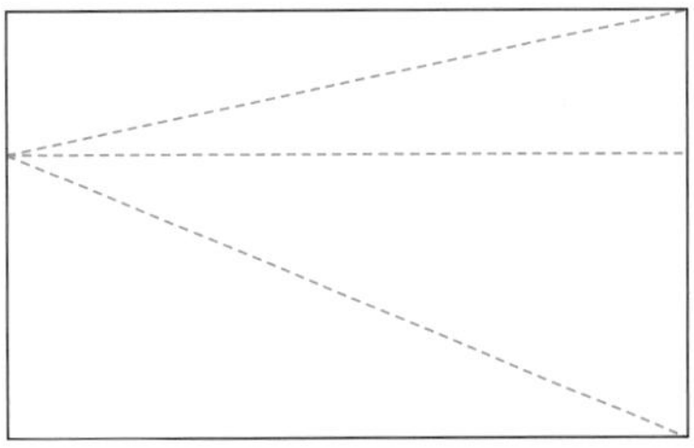

こたえ＿＿＿＿＿

さんすう　　月　日

11 どちらが　ひろい

とくてん　／100

1 あと　いの　どちらが　ひろいですか。（10てん）

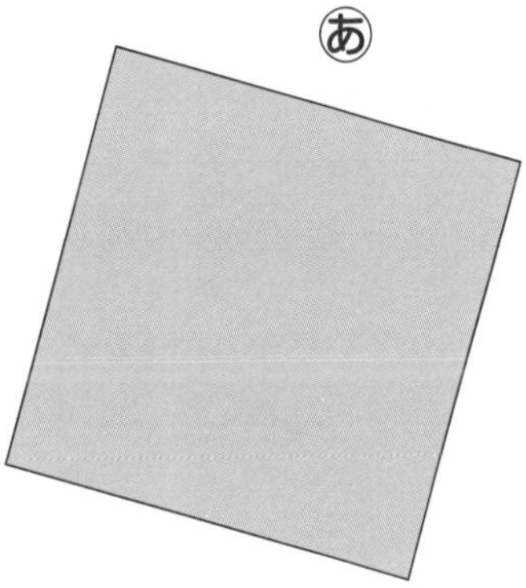

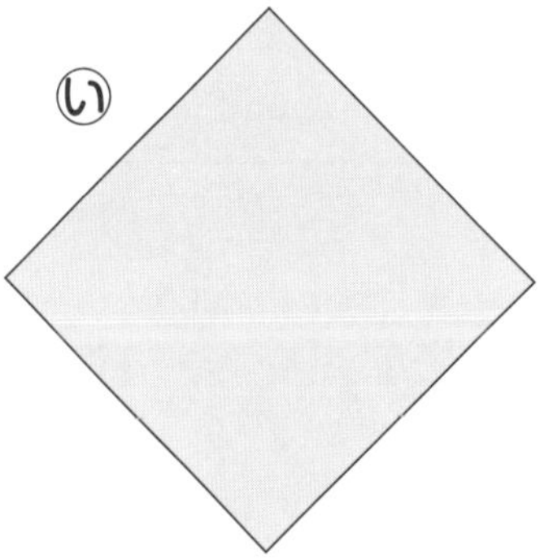

あと　いを　そろえて
かさねると

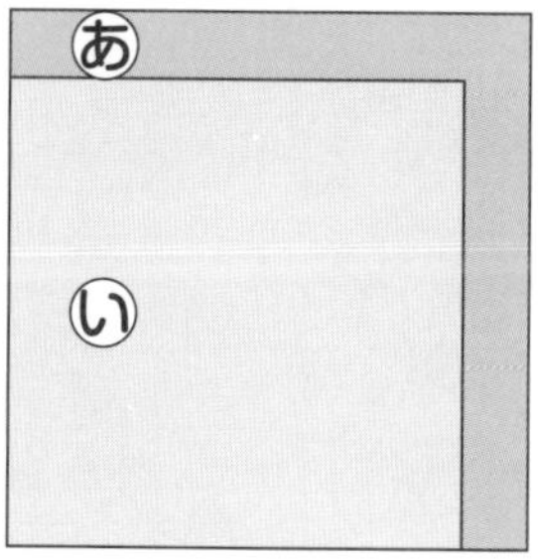

こたえ＿＿＿＿＿＿

2 えを　みて　こたえましょう。（ひとつ　20てん）

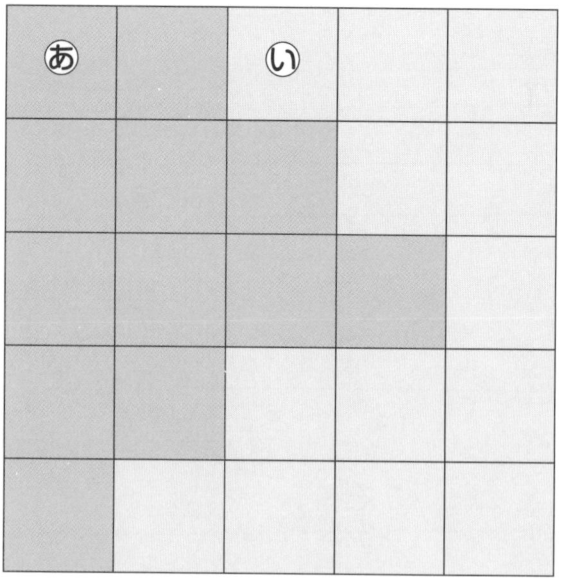

① あの　■は、なん
ますですか。

こたえ＿＿＿＿＿＿

② いの　□は、なん
ますですか。

こたえ＿＿＿＿＿＿

③ あと　いの　どちらが　ひろいですか。

こたえ＿＿＿＿＿＿

ヒント
2の ■□のように、おなじ ひろさの おなじ かたちに くぎって かぞえれば、かたちが ちがう ばあいでも、くらべることが できます。

3 えを みて こたえましょう。 （ひとつ 5てん）

(あ)と (い)と (う)を そろえて かさねると

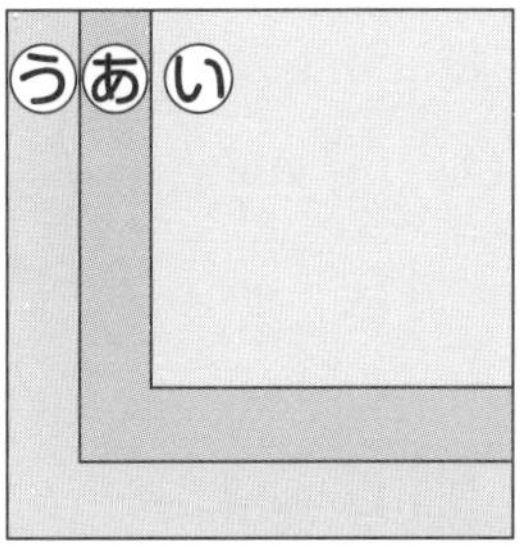

① いちばん ひろいのは ＿＿＿＿＿

② いちばん せまいのは ＿＿＿＿＿

4 (あ)と (い)の どちらが ひろいですか。 （20てん）

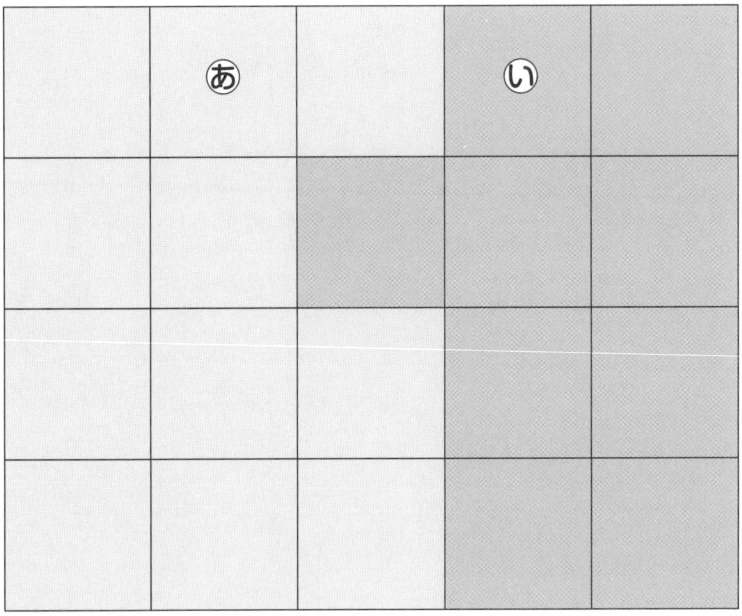

こたえ ＿＿＿＿＿

さんすう　　月　　日　　とくてん　　／100

12 たしざん（くりあがり）

1 どんぐりひろいに　いきました。そうたさんは　6こ、ゆみさんは　5こ　ひろいました。あわせて　なんこ　ひろいましたか。（ひとつ　10てん）

① ひろった　どんぐりを　○で　かきましょう。

② しきを　かいて　こたえを　だしましょう。

しき

□ ＋ □ ＝ □

こたえ ＿＿＿＿＿＿

2 おとこのこが　7にん、おんなのこが　6にん　います。あわせて　なんにん　いますか。しきを　かいて　こたえを　だしましょう。（20てん）

しき

□ ＋ □ ＝ □

こたえ ＿＿＿＿＿＿

ヒント

9、8、7、6、5、4、3、2、1の　かずは、なにかと　くっついて　はやく　10に　なりたいのです。10になる　なかよしの　かずを　かんがえましょう。

3 けいさんを　しましょう。

（ひとつ　4てん）

① 8＋3＝

　　2　1

② 9＋5＝

　　1　4

③ 9＋7＝

　　1　6

④ 6＋5＝

⑤ 4＋9＝

⑥ 5＋9＝

⑦ 7＋8＝

⑧ 9＋8＝

⑨ 6＋6＝

⑩ 6＋9＝

⑪ 4＋8＝

⑫ 5＋6＝

⑬ 7＋9＝

⑭ 8＋9＝

⑮ 5＋8＝

さんすう　月　日

13 たしざん　50だい

とくてん　／100

1 けいさんを　しましょう。　（ひとつ　2てん）

① 3＋7＝

② 9＋4＝

③ 5＋8＝

④ 9＋9＝

⑤ 7＋7＝

⑥ 6＋4＝

⑦ 0＋7＝

⑧ 3＋8＝

⑨ 9＋8＝

⑩ 3＋3＝

⑪ 8＋7＝

⑫ 5＋4＝

⑬ 7＋9＝

⑭ 2＋9＝

⑮ 6＋7＝

⑯ 8＋4＝

⑰ 7＋2＝

⑱ 9＋6＝

⑲ 5＋7＝

⑳ 8＋8＝

㉑ 2＋4＝

㉒ 6＋9＝

㉓ 5＋2＝

㉔ 9＋3＝

ヒント

0+0から　9+9までの　たしざんは、100だいあります。そのなかで、こたえが　11より　おおきくなる　たしざんは　36だいです。

㉕ 4+3=

㉖ 4+9=

㉗ 3+4=

㉘ 6+3=

㉙ 7+4=

㉚ 3+9=

㉛ 7+8=

㉜ 6+6=

㉝ 8+3=

㉞ 5+9=

㉟ 8+5=

㊱ 9+2=

㊲ 4+8=

㊳ 9+7=

㊴ 7+6=

㊵ 8+6=

㊶ 6+5=

㊷ 8+2=

㊸ 7+5=

㊹ 2+6=

㊺ 8+9=

㊻ 4+7=

㊼ 6+8=

㊽ 4+4=

㊾ 9+5=

㊿ 5+6=

さんすう　　月　　日　　とくてん

14 ひきざん（くりさがり）

／100

1 おかあさんが　クッキー《くっきい》を　15こ　つくりました。ともだちと　いっしょに　8こ　たべました。
のこりは　なんこですか。（ひとつ　10てん）

① たべた　かずだけ　⬭で　かこみましょう。

② しきを　かいて　こたえを　だしましょう。

しき

□ － □ ＝ □

こたえ ＿＿＿＿＿＿

2 かきの　きに　かきが　12こ　なりました。そのうち　7こ　とりました。のこりは　なんこですか。
しきを　かいて　こたえを　だしましょう。（20てん）

しき

□ － □ ＝ □

こたえ ＿＿＿＿＿＿

ヒント

ひくほうの　かずも、はやく　10に　なりたいのです。10に　なる　なかよしの　かずを　かんがえましょう。12－4の　4の　なかよしは　6です。

3 けいさんを　しましょう。

（ひとつ　4てん）

① 12－4＝

4　6

② 11－8＝

8　2

③ 15－6＝

6　4

④ 13－6＝

⑤ 12－7＝

⑥ 16－7＝

⑦ 13－5＝

⑧ 12－9＝

⑨ 17－8＝

⑩ 14－7＝

⑪ 11－2＝

⑫ 11－9＝

⑬ 16－9＝

⑭ 14－5＝

⑮ 12－5＝

さんすう　月　日

15 ひきざん　50だい

とくてん　／100

1 けいさんを　しましょう。　（ひとつ　2てん）

① 10－7＝

② 13－4＝

③ 13－8＝

④ 18－9＝

⑤ 14－7＝

⑥ 10－4＝

⑦ 7－7＝

⑧ 11－8＝

⑨ 17－8＝

⑩ 6－3＝

⑪ 15－7＝

⑫ 9－4＝

⑬ 16－9＝

⑭ 11－9＝

⑮ 13－7＝

⑯ 12－4＝

⑰ 9－2＝

⑱ 15－6＝

⑲ 12－7＝

⑳ 16－8＝

㉑ 6－4＝

㉒ 15－9＝

㉓ 7－2＝

㉔ 12－3＝

ヒント

たしざんの　こたえを　だすと、その　こたえを　つかって、ひきざんが　2つ　できます。$7+5=12 \rightarrow 12-7=$　　$12-5=$

㉕ $7-3=$

㉖ $13-9=$

㉗ $7-4=$

㉘ $9-3=$

㉙ $11-4=$

㉚ $12-9=$

㉛ $15-8=$

㉜ $12-6=$

㉝ $11-3=$

㉞ $14-9=$

㉟ $13-5=$

㊱ $11-2=$

㊲ $12-8=$

㊳ $16-7=$

㊴ $13-6=$

㊵ $14-6=$

㊶ $11-5=$

㊷ $10-2=$

㊸ $12-5=$

㊹ $8-6=$

㊺ $17-9=$

㊻ $11-7=$

㊼ $14-8=$

㊽ $8-4=$

㊾ $14-5=$

㊿ $11-6=$

さんすう　　月　日

16 2けたの　たしざん・ひきざん

とくてん　／100

1 こくごの　ノート《のおと》が　10さつ　あります。さんすうの　ノートは、こくごの　ノートより　5さつ　おおいです。さんすうの　ノートは　なんさつですか。（10てん）

しき

□ ＋ □ ＝ □

こたえ ＿＿＿＿＿＿

2 けいさんを　しましょう。（ひとつ　4てん）

① 12＋6＝

② 16＋2＝

③ 17＋2＝

④ 12＋4＝

⑤ 13＋3＝

⑥ 11＋6＝

⑦ 15＋4＝

⑧ 14＋3＝

⑨ 18＋1＝

⑩ 15＋2＝

ヒント

12＋６や、12－２は、むずかしく　ありません。「一《いち》のへや」だけの
けいさんだからです。くりあがりも　くりさがりも　ありません。

3　ぼくは、ビー《びい》だまを　16こ　もっています。おとうとは、ぼくより　３こ　すくなく　もっています。
おとうとは　なんこ　もっていますか。（10てん）

しき

□ － □ ＝ □

こたえ ＿＿＿＿＿＿

4　けいさんを　しましょう。（ひとつ　４てん）

① 12－2＝

② 19－7＝

③ 15－4＝

④ 17－5＝

⑤ 13－1＝

⑥ 14－1＝

⑦ 16－5＝

⑧ 19－3＝

⑨ 18－3＝

⑩ 18－6＝

さんすう　月　日

とくてん　／100

17 3つの　かずの　けいさん

1 いろがみは、あかが　6まいと　あおが　4まいと　みどりが　3まい　あります。ぜんぶで　なんまい　ありますか。（10てん）

しき

□ ＋ □ ＋ □ ＝ □

こたえ＿＿＿＿＿＿

2 あめが　13こ　あります。ぼくが　3こ、いもうとが　4こ　たべると、のこりは　なんこですか。（10てん）

しき

□ － □ － □ ＝ □

こたえ＿＿＿＿＿＿

3 バス《ばす》に　13にん　のって　いました。バスていで　3にん　おりて　5にん　のりました。みんなで　なんにんに　なりましたか。（20てん）

しき

こたえ＿＿＿＿＿＿

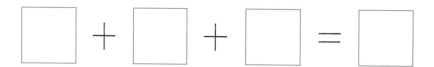

ヒント

1、2、3、4、5、6、7、8、9と ＋、－を つかって、3つの かずの けいさんの こたえが 10に なるように しましょう。おなじ かずを 2かい つかっても かまいません。

4 けいさんを しましょう。

（ひとつ 4てん）

① $2+3+5=$

② $4+2+2=$

③ $7+3+8=$

④ $4+6+7=$

⑤ $15-5-6=$

⑥ $16-6-3=$

⑦ $12-2-8=$

⑧ $19-9-4=$

⑨ $10-8+4=$

⑩ $10-7+2=$

⑪ $7+3-6=$

⑫ $2+8-4=$

⑬ $13+4-6=$

⑭ $12+6-3=$

⑮ $17+2-4=$

さんすう　　月　　日

18 20より　おおきい　かず

とくてん　／100

1 □に　あてはまる　かずを　かきましょう。（ひとます　3てん）

① 20 → □ → 22 → □ → 24 →
→ □ → 26 → □ → 28 → □

② □ → 32 → □ → 34 → □ →
→ 36 → □ → 38 → □ → 40

③ 30 → 29 → □ → 27 → □ →
→ 25 → □ → 23 → □ → □

④ 51 → □ → 49 → □ → 47 →
→ □ → 45 → □ → 43 → □

ヒント

いちねんせいは　120ぐらい　までの　かずを　おぼえます。100から　120のかずは、「一《いち》のへや」、「十《じゅう》のへや」と「百《ひゃく》のへや」がある　かずに　なります。

2 □に　あてはまる　かずを　かきましょう。（ひとます　3てん）

① 80 → 90 → □ → 110 → □

② □ → 100 → 90 → □ → 70

③ 95 → 100 → □ → 110 → □

④ □ → 114 → 116 → 118 → □

⑤ 108 → 109 → □ → 111 → □

3 いちばん　おおきい　かずを　かきましょう。（5てん）

106、117、95、104、120

こたえ ＿＿＿＿＿＿

4 2ばんめに　おおきい　かずを　かきましょう。（5てん）

115、77、99、103、120

こたえ ＿＿＿＿＿＿

さんすう　　月　　日

19 2けたの　たしざん・ひきざん

とくてん　／100

1 あめが　ふくろに　30こと、ばらで　7こ　あります。ぜんぶで　なんこですか。 (10てん)

しき

こたえ ＿＿＿＿＿＿

2 けいさんを　しましょう。 (ひとつ　4てん)

① 40＋7＝

② 64＋2＝

③ 60＋4＝

④ 3＋96＝

⑤ 20＋8＝

⑥ 7＋71＝

⑦ 2＋10＝

⑧ 2＋42＝

⑨ 9＋70＝

⑩ 20＋70＝

ヒント

2 4の　けいさんが　むずかしいと　おもったら、10えんだま　10こと、1えんだま　10こを　ようい しましょう。けいさんが　らくに　できますよ。

3　100えん　だして　80えんの　けしごむを　かいました。おつりは　なんえんですか。（10てん）

100えんは、10えんだまが　10こです。

しき

こたえ ＿＿＿＿＿＿

4　けいさんを　しましょう。（ひとつ　4てん）

① $36-6=$

② $48-4=$

③ $58-8=$

④ $36-2=$

⑤ $19-9=$

⑥ $39-6=$

⑦ $23-3=$

⑧ $51-50=$

⑨ $37-30=$

⑩ $90-50=$

さんすう　　月　　日

20 たすのかな？　ひくのかな？

とくてん　／100

1 □には　かずを　○には　＋か　－を　かきましょう。（ひとつ　10てん）

① 7より　6おおい　かずは　なにですか。

□ ○ □ ＝ □

② 14より　6すくない　かずは　なにですか。

□ ○ □ ＝ □

③ 12より　4おおい　かずは　なにですか。

□ ○ □ ＝ □

④ 17より　4すくない　かずは　なにですか。

□ ○ □ ＝ □

2 おんなのこは　16にんで、おとこのこより　5にんおおいです。おとこのこは　なんにんですか。（15てん）

しき

こたえ ＿＿＿＿＿＿

ヒント

もんだいの　ぶんを　7かい　よんで、おぼえて　しまいましょう。そして、
もんだいの　とおりの　かずを　○で　かいたりして　かんがえましょう。

3 りんごと　みかんが　あります。りんごは　12こで、みかんより　5こ　すくないです。みかんは　なんこ　ありますか。(15てん)

しき

こたえ ＿＿＿＿＿＿

4 バナナ《ばなな》が　18ほん　あります。さるに　1ぽんずつ　くばると、6ぽん　のこりました。さるは　なんひきですか。(15てん)

しき

こたえ ＿＿＿＿＿＿

5 まえの　ひとの　かたに　てを　おいて、12にん　ならびました。わたしの　うしろには　8にん　います。わたしの　まえには　なんにん　いますか。(15てん)

しき

こたえ ＿＿＿＿＿＿

さんすう　　月　日　　とくてん

21 とけい (1)

／100

1 とけいの　えを　みて　こたえましょう。(ひとつ　10てん)

① なんじですか。

こたえ＿＿＿＿じ

② ながい　はりは、㋐と　㋑の　どちらに　うごきますか。

こたえ＿＿＿＿

③ 30ぷん　たちました。ながい　はりは、㋕、㋖の　どちらに　ありますか。

こたえ＿＿＿＿

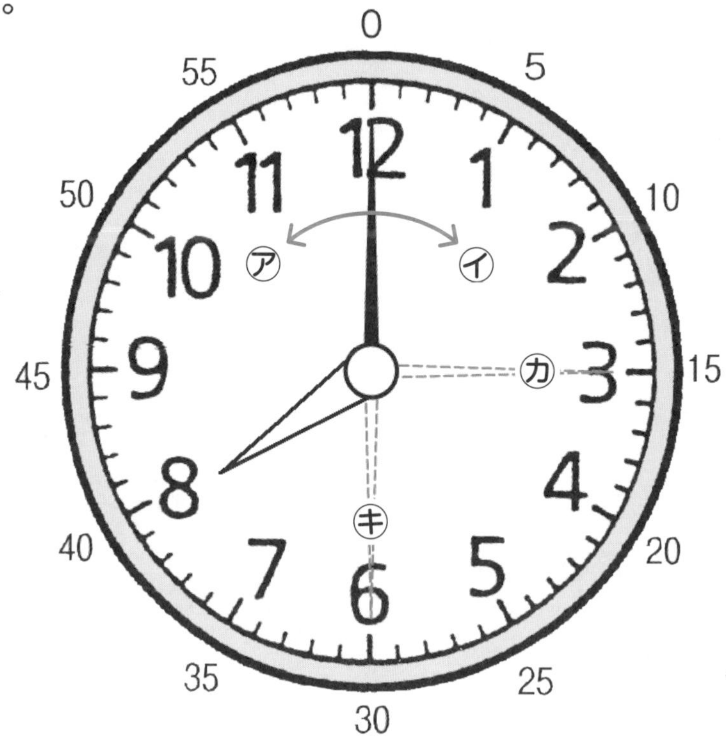

④ ③のとき、みじかい　はりは、(あ)～(え)の　どこに　ありますか。

(あ) 9の　ところ

(い) 10の　ところ

(う) 9と　10の　あいだ

(え) 8と　9の　あいだ　　　こたえ＿＿＿＿

ヒント

「５じ30ぷん」の　ことを　「５じはん」とも　いいます。
「５じ55ふん」の　ことを　「６じ５ふんまえ」とも　いいます。

2 とけいを　よみましょう。

（ひとつ　10てん）

①

②

③

じ　　じ　ぷん　　じ

30ぷんたつと　　30ぷんたつと

１じはんとも　いいます。

④

⑤

⑥

じ　　じ　　じ

２じかんたつと　　１じかんたつと

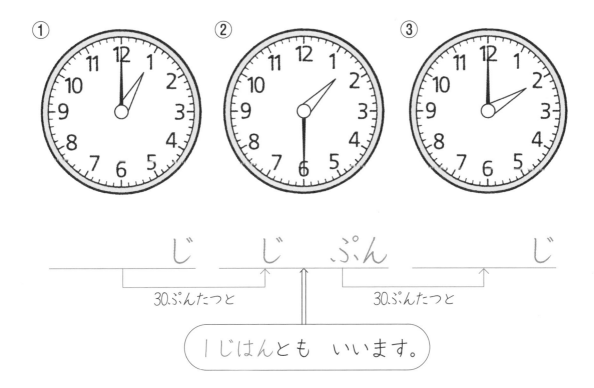

22 とけい (2)

とくてん

／100

1　とけいを　よみましょう。　（ひとつ　5てん）

①

②

③

④

⑤

⑥

⑦

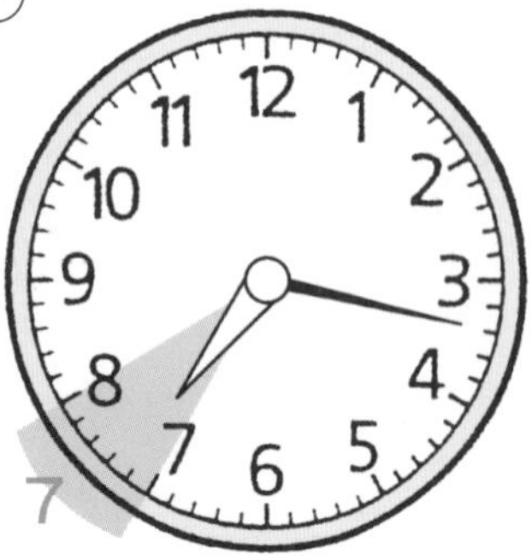

⑧

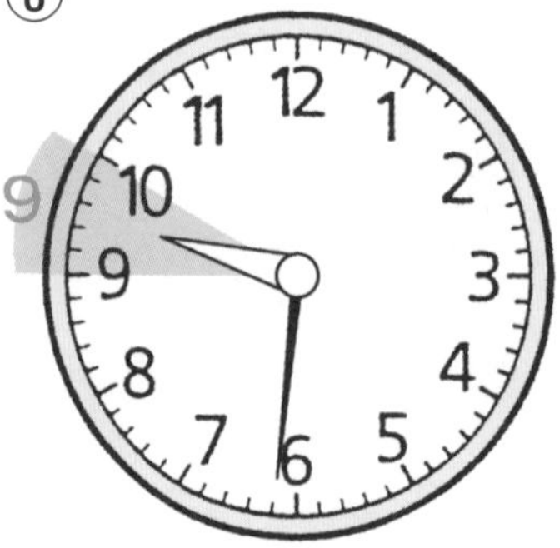

ヒント

「７じ20ぷんの　ときの　とけいの　はりを　かきなさい。」と　いわれると、ながい　はりは　かけますが、みじかい　はりは　むずかしいですね。

2　とけいの　ながい　はりを　かきましょう。（ひとつ　15てん）

①　７じ

②　５じ20ぷん

③　９じ45ふん

④　10じ７ふん

せいかつ　月　日

1 がっこう　たんけん

とくてん　／100

1 がっこうの　へやと、へやの　なまえを　せんで　つなぎましょう。（ひとつ　10てん）

①

②
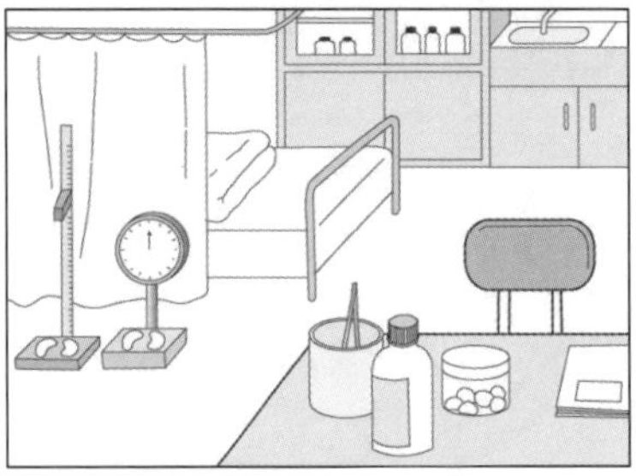

③

④

⑤
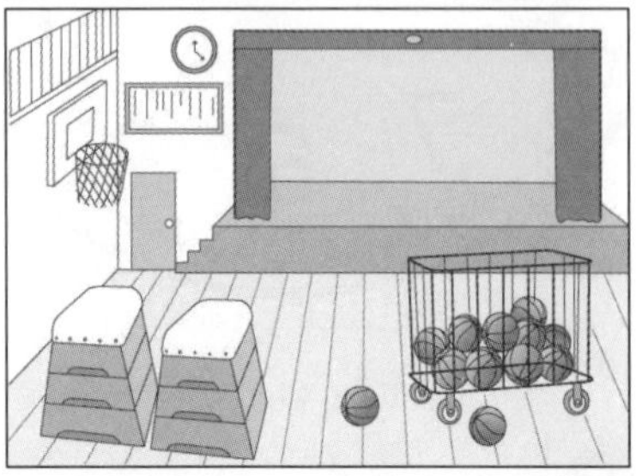

・こうちょうしつ

・たいいくかん

・きゅうしょくしつ

・ほけんしつ

・としょしつ

ヒント

がっこうには、ほうそうしつ、コンピュータ《こんぴゅうた》しつ、じむしつも　あります。しいくごやや　プール《ぷうる》も　あります。

2　がっこうの　へやと、へやの　なまえを　せんで　つなぎましょう。

（ひとつ　10てん）

①
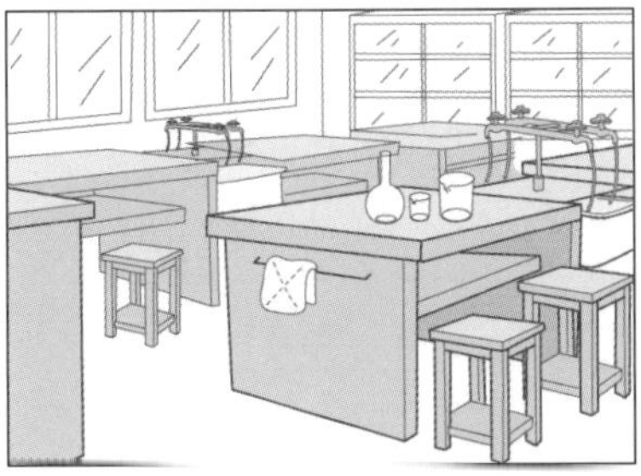
•　　• ずこうしつ

②
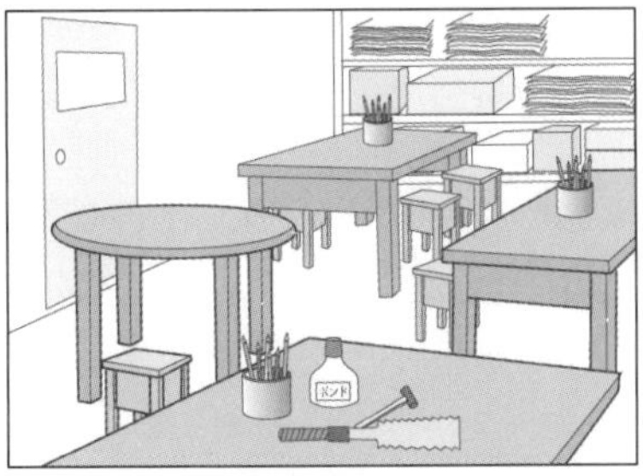
•　　• りかしつ

③

•　　• しょくいんしつ

④

•　　• おんがくしつ

⑤

•　　• かていかしつ

せいかつ　　月　　日

2 はると　あきの　くさき

とくてん　／100

1 はなと、はなの　なまえを　せんで　つなぎましょう。　（ひとつ　10てん）

①

②

③

④

⑤

・あさがお

・ひまわり

・ほうせんか

・オクラ《おくら》

・マリーゴールド《まりいごおるど》

ヒント

どんぐりは、かし、くぬぎ、なら、かしわなどの　みです。かたちは　いろいろあります。

2　はの　なまえを　□　から　えらんで　かきましょう。（ひとつ　10てん）

さくら　いちょう　もみじ

①
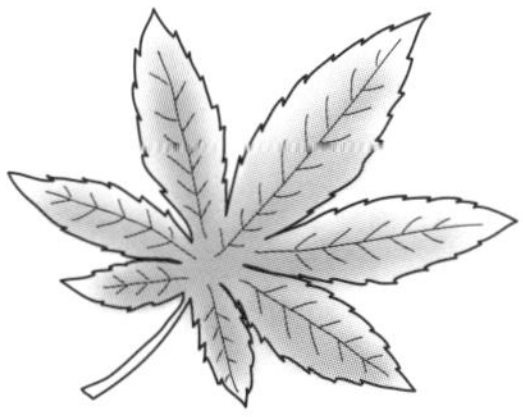
（　　　　）

②

（　　　　）

③

（　　　　）

3　あきの　おわりに　なると、さくらの　はは　あかく　なります。（ひとつ　10てん）

①　もみじの　はは　どんな　いろに　なりますか。

（　　　　）

②　いちょうの　はは　どんな　いろに　なりますか。

（　　　　）

せいかつ　　月　　日

とくてん

3 いろいろな　どうぐ (1)

／100

1 だいどころ（キッチン《きっちん》）を　しらべると、いろいろな　どうぐが　ありました。それぞれの　なまえを　[　]の　なかから　えらんで　（　　）に　かきましょう。

（ひとつ　10てん）

①

（　　　　）

②

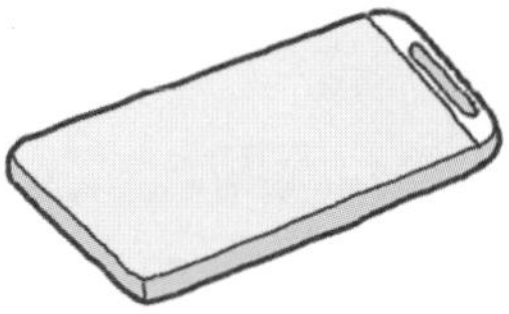

（　　　　）

③

（　　　　）

④

（　　　　）

⑤

（　　　　）

ミキサー《みきさあ》

やかん

まないた

ホットプレート《ほっとぷれえと》

どなべ

ヒント

だいどころの　どうぐは、たくさん　あります。
だいどころを　みて、その　どうぐの　なまえを　いいましょう。

2 つぎの　どうぐは　どんな　ものを　つくる　ときに　つかうか、せんで　むすびましょう。（ひとつ　10てん）

①

②

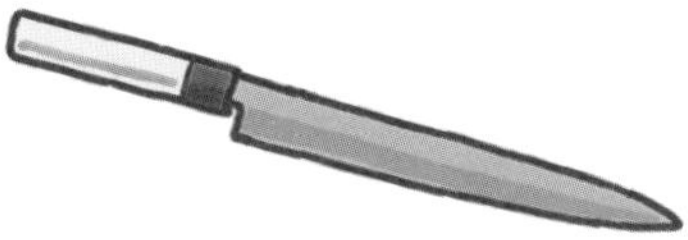

③

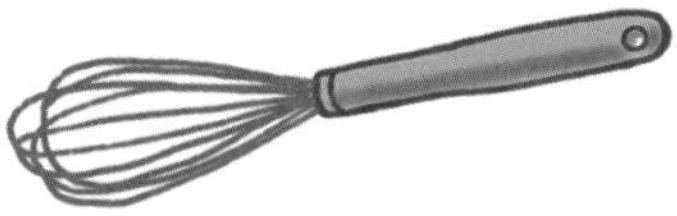

④

⑤

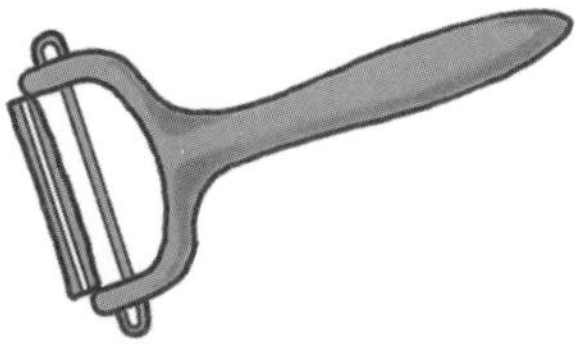

ⓐ **ふかなべ**
スープ《すうぷ》や　シチュー《しちゅう》などを　つくる。

ⓘ **かわむきき**
にんじんや　だいこんの　かわを　むく。

ⓤ **おろしがね**
だいこんや　やまいも　などを　おろす。

ⓔ **あわたてき**
みずや　こなを　まぜたり　とかしたりする。

ⓞ **さしみぼうちょう**
おさしみを　つくる。

せいかつ

月　日

4 いろいろな　どうぐ (2)

とくてん

／100

1 さいほうばこに　ある　どうぐの　なまえを　□の　なかから　えらんで（　）に　かきましょう。

（ひとつ　10てん）

①
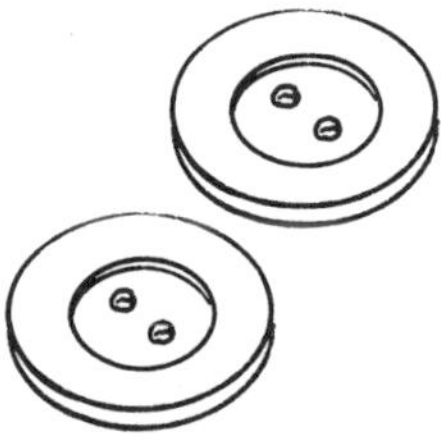

（　　　　）

②
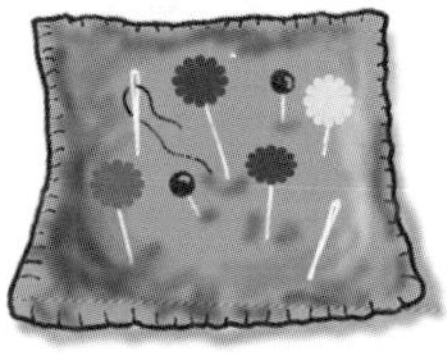

（　　　　）

③
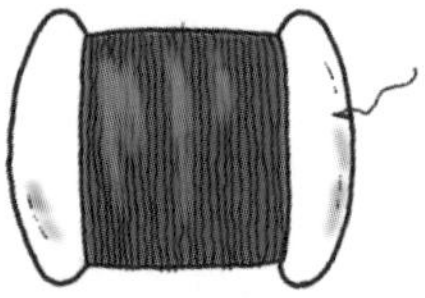

（　　　　）

④
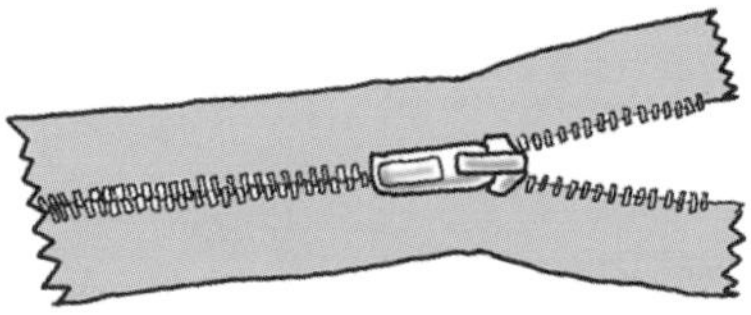

（　　　　）

⑤
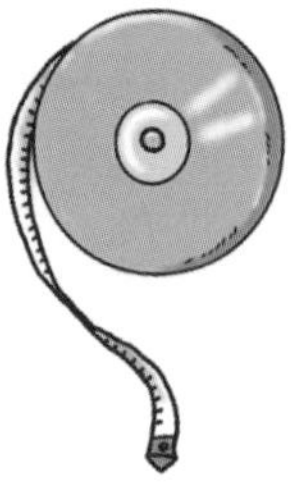

（　　　　）

メジャー《めじゃあ》
ファスナー《ふぁすなあ》
ボタン《ぼたん》
いと
はりやま

ヒント

2の　①は、「たちばさみ」です。ぬのなどを「きる（たつ）」からです。
②は、「にぎりばさみ」です。つかうときに「にぎる」からです。

2　つぎの　どうぐは、どんな　つかいかたを　するか、せんで　むすびましょう。

（ひとつ　10てん）

① 

② 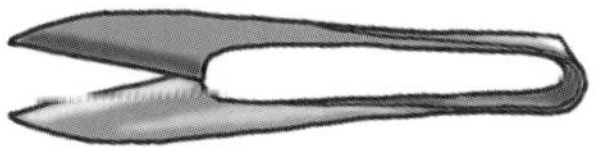

③ 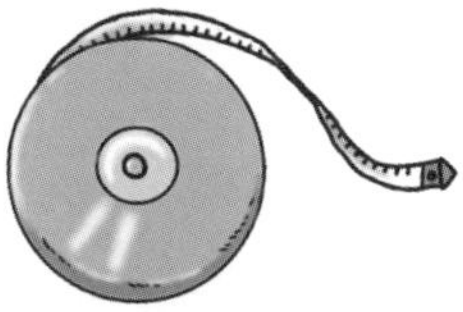

④ 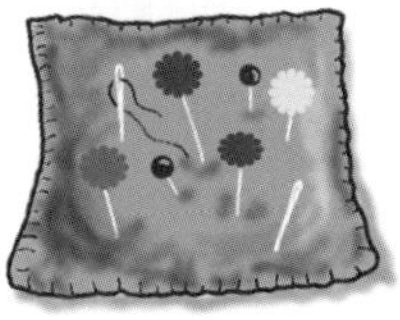

⑤ 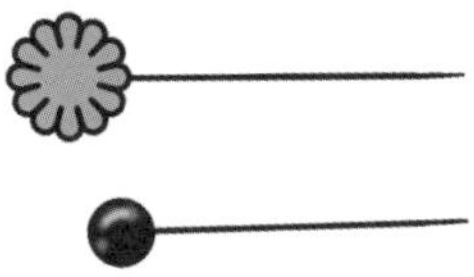

ⓐ ぬのの　おおきさや、ながさを　はかる。

ⓘ はりを　さしておく。

ⓤ おおきな　ぬのを　きる　はさみ。

ⓔ ぬのを　とめておく。

ⓞ いとを　きる　はさみ。

ちょうせんしよう。

①はりに　いとを　とおしてみよう。

②とおした　いとの　はしを　むすんでみよう。

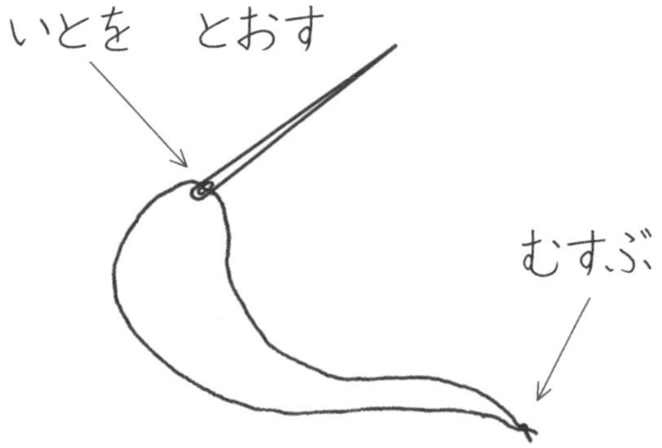

せいかつ　月　日

5 いろいろな　どうぐ (3)

とくてん　／100

1 どうぐばこに　ある　どうぐの　なまえを　□から　えらんで（　　）に　かきましょう。

（ひとつ　10てん）

①

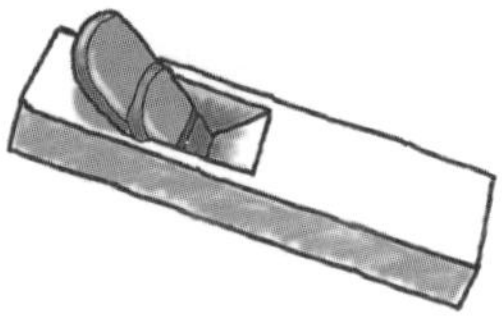

（　　　　　）

②

（　　　　　）

③

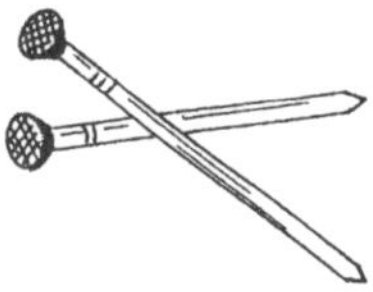

（　　　　　）

④

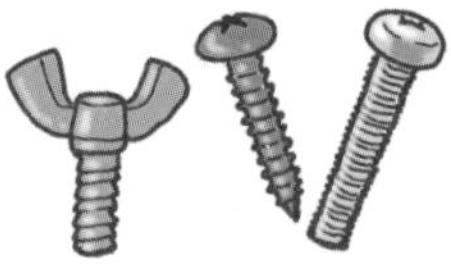

（　　　　　）

⑤

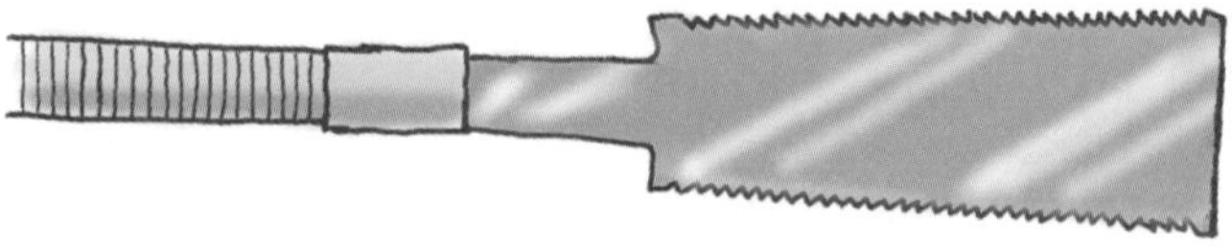

（　　　　　）

ねじ	のこぎり	くぎ	かんな	ペンチ《ぺんち》

ヒント

2の　②は、「かなづち」または「ハンマー《はんまあ》」です。
③は、「ドライバー《どらいばあ》」です。

2　つぎの　どうぐは、どんな　つかいかたを　するか、せんで　むすびましょう。（ひとつ　10てん）

①
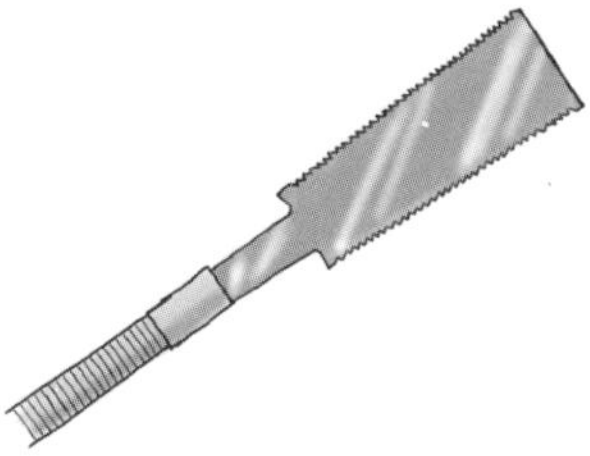

②

③
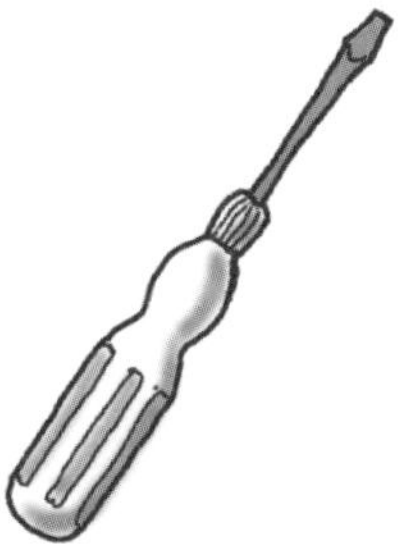

④

⑤
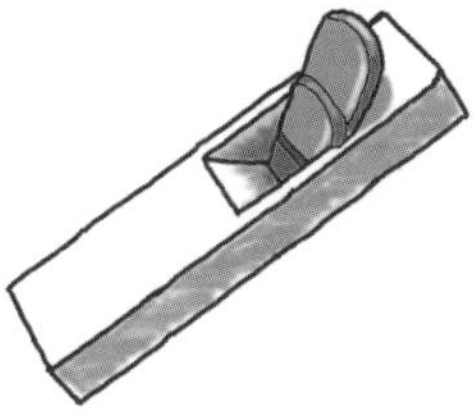

・ あ　ねじを　まわす　ときに　つかう。

・ い　きを　けずる　ときに　つかう。

・ う　きを　きる　ときに　つかう。

・ え　くぎを　うつ　ときに　つかう。

・ お　ものを　はさんだり　まげたり　はりがねを　きる　ときに　つかう。

せいかつ　　月　日

6　いろいろな　どうぐ ⑷

とくてん　／100

1　つぎの　ぶんぼうぐは、どんな　ことを　するときに　つかいますか。□に　かいてある　いろを、ぶんぼうぐの　○に　いろえんぴつで　ぬりましょう。

（ひとつ　5てん）

① ○

② ○

③ ○
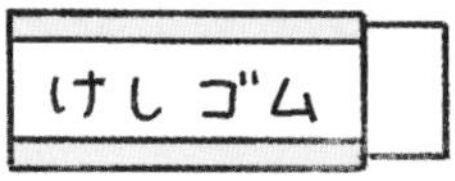

④ ○

⑤ ○
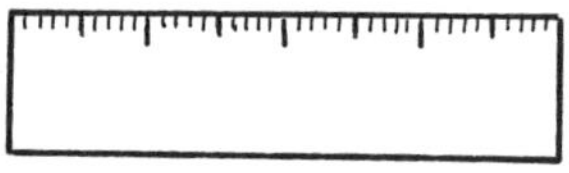

⑥ ○
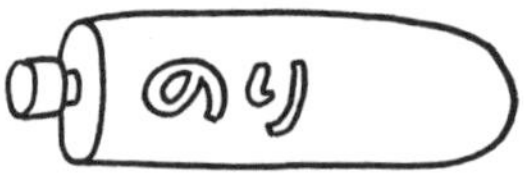

⑦ ○
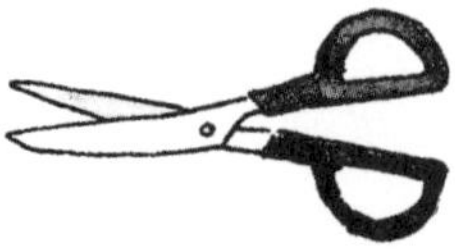

⑧ ○
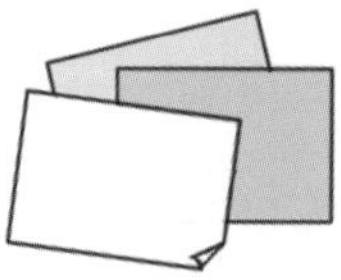

⑨ ○

⑩ ○
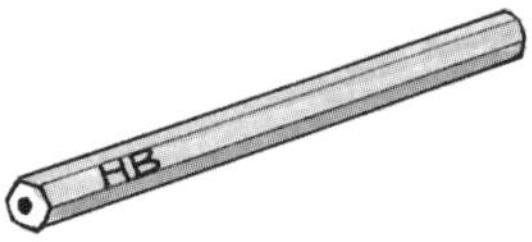

⑪ ○

⑫ ○

⑬ ○
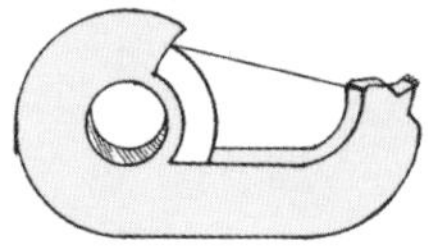

⑭ ○
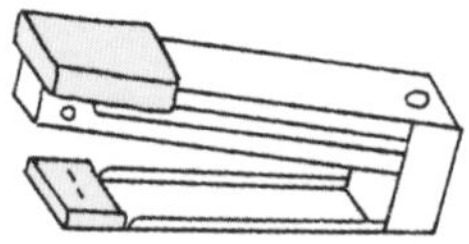

⑮ ○
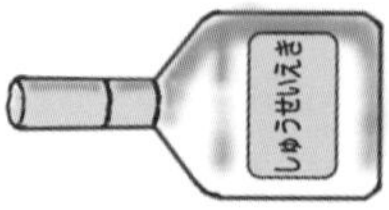

ヒント

えんぴつは、こく　かける　ものほど　しんが　やわらかく、うすく　かける　ものほど　しんが　かたいです。

（あか）じや　えを　かいたり　いろを　ぬる

（あお）ものを　きる

（みずいろ）ながさを　はかる

（ぴんく）ものを　はったり　とじたりする

（ちゃいろ）じを　けす

（みどり）じや　えを　かく　かみ

---

2 えんぴつには　HB《えっちびい》や　2H《えっち》など、えんぴつの　しんの　かたさ・くろさを　あらわす　きごうが　ついて　います。

じが　こく　かける　じゅんに　1、2、3、4、5の　ばんごうを　○に　かきましょう。（ひとつ　5てん）

○　HB《えっちびい》

○　2B《びい》

（4）　F

（5）　H

○　B

せいかつ　　月　　日

7 もようを　つくろう (1)

いろがみを　1かい　おって　きりましょう。

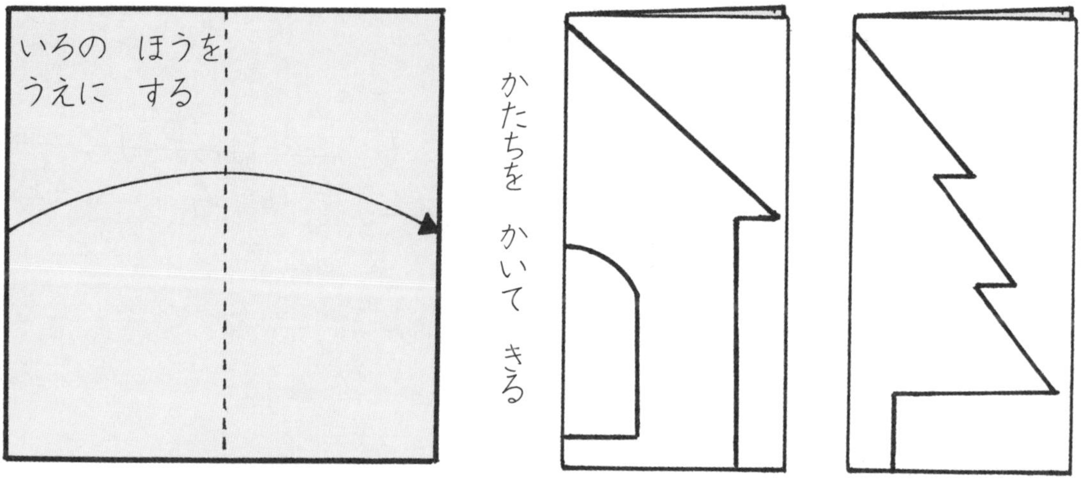
いろの　ほうを
うえに　する
かたちを　かいて　きる

ヒント

1かい　おって、きるだけで　きれいな　もようが　できます。
いろを　かえて　きりぬいて　ならべて　みましょう。

ここから
✂を　いれて
めを　きりとる

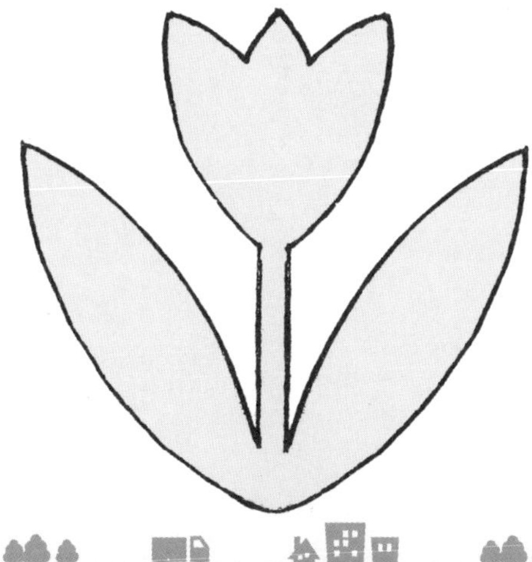

せいかつ

月　日

8 ほんを　よもう (1)

とくてん　／100

1 つぎの　おはなしに　でてくる　ものを　せんで　むすびましょう。（ひとつ　10てん）

①ももたろう

②わらしべちょうじゃ

③おむすびころりん

④つるの　おんがえし

⑤はなさかじいさん

㋐　わら　あぶ　たんもの

㋑　もちつき　きね　ねずみ

㋒　きびだんご　おに　きじ

㋓　はい　うす　いぬ

㋔　ふぶき　はたおり

ヒント

かぐやひめ、さんねんねたろう、したきりすずめ、いっすんぼうし
なども　にほんの　むかしばなしです。

2 つぎの　おはなしに　でてくる　ものを　せんで　むすびましょう。

（ひとつ　10てん）

①かちかちやま

②さるかにがっせん

③こぶとりじいさん

④かさじぞう

⑤うらしまたろう

Ⓐ おじぞうさま　そり

Ⓘ ひうちいし　どろのふね

Ⓤ たまてばこ　サンゴ《さんご》
りゅうぐうじょう

Ⓔ おじいさん　おに（てんぐ）

Ⓞ うす　きね　うしのふん
くまんばち

9 ほんを　よもう (2)

とくてん　／100

1 つぎの　おはなしに　でてくる　ものを　せんで　むすびましょう。　（ひとつ　10てん）

①シンデレラ《しんでれら》

・　　・あ まじょののろい　おうじさま　キス《きす》

②うさぎと　かめ

・　　・い たびびと　ふく

③ねむりひめ

・　　・う かぼちゃのばしゃ　ガラス《がらす》のくつ

④きたかぜと　たいよう

・　　・え かけっこ　ひるね

⑤ありと　きりぎりす

・　　・お あそぶ　はたらく　なつ　ふゆ

ヒント

ななひきの　こやぎ、みにくい　あひるの　こ、おやゆびひめ、ピノキオ《ぴのきお》、ガリバー《がりばあ》の　ぼうけん、そんごくうなどは　がいこくの　おはなしです。

2 つぎの　おはなしに　でてくる　ものを　せんで　むすびましょう。（ひとつ　10てん）

①シンドバッド《しんどばっど》の　ぼうけん

②3びきの　こぶた

③ブレーメン《ぶれえめん》の　おんがくたい

④ヘンゼル《へんぜる》と　グレーテル《ぐれえてる》

⑤フランダース《ふらんだあす》の　いぬ

Ⓐ にわとり　いぬ　ねこ　ろば

Ⓘ パン《ぱん》くず　まじょ　おかしのいえ

Ⓤ えのコンクール《こんくうる》　すてきなえ　ゆき

Ⓔ わらのいえ　きのいえ　おおかみ

Ⓞ ほうせきのしま　おおきなとり　ふなのり

月　　日

10 とばそう (1) やりひこうき

1

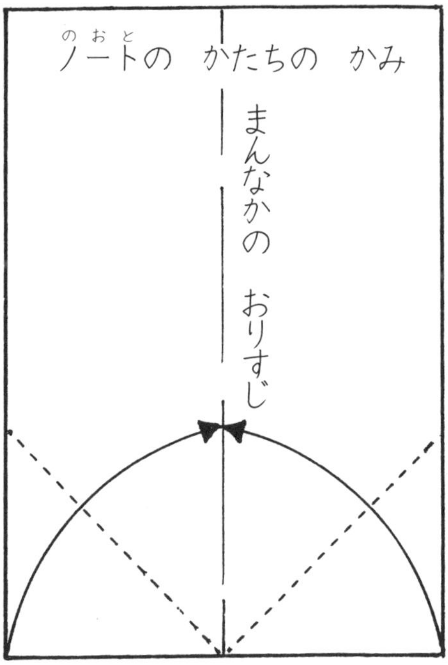

2

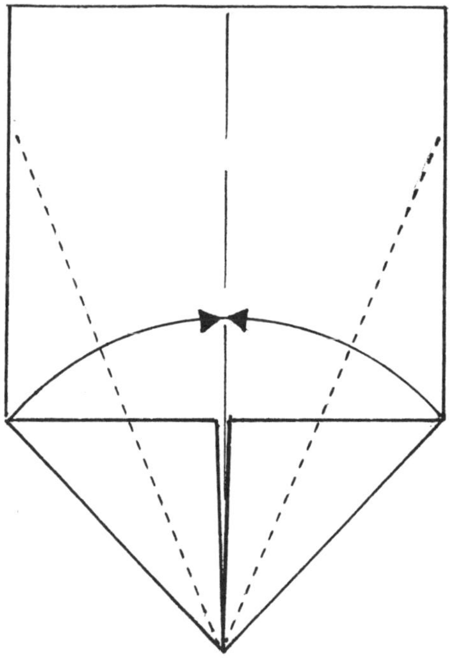

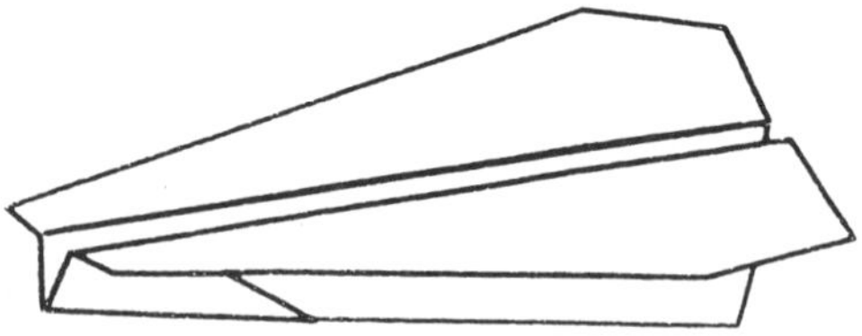

7

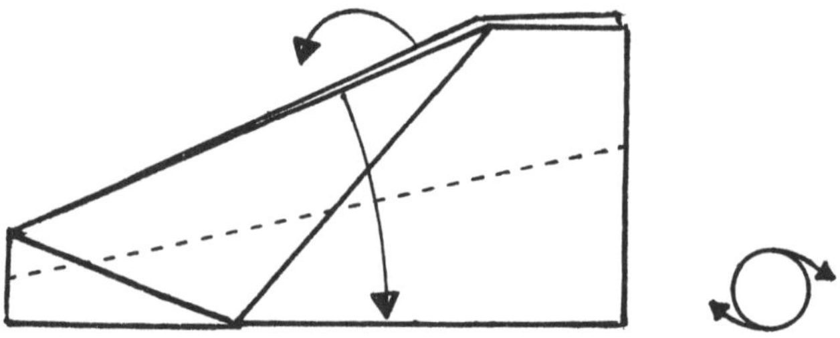

6

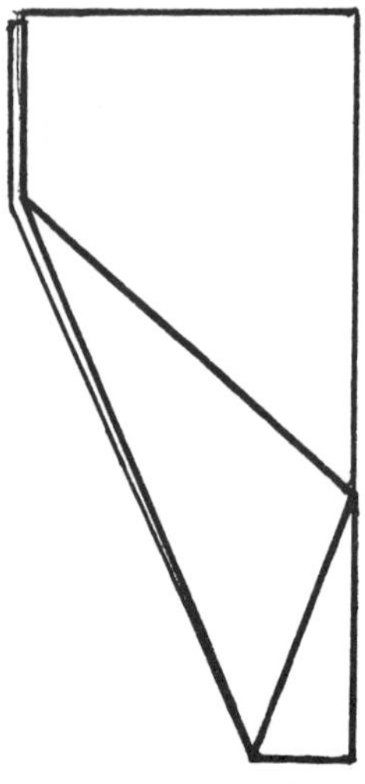

ヒント

すこし　うえに　むけて、いきおい　よく　とばすと、まっすぐに
とびます。

3

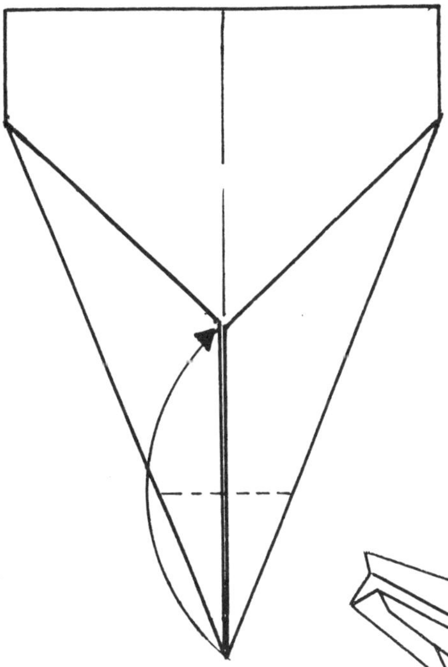

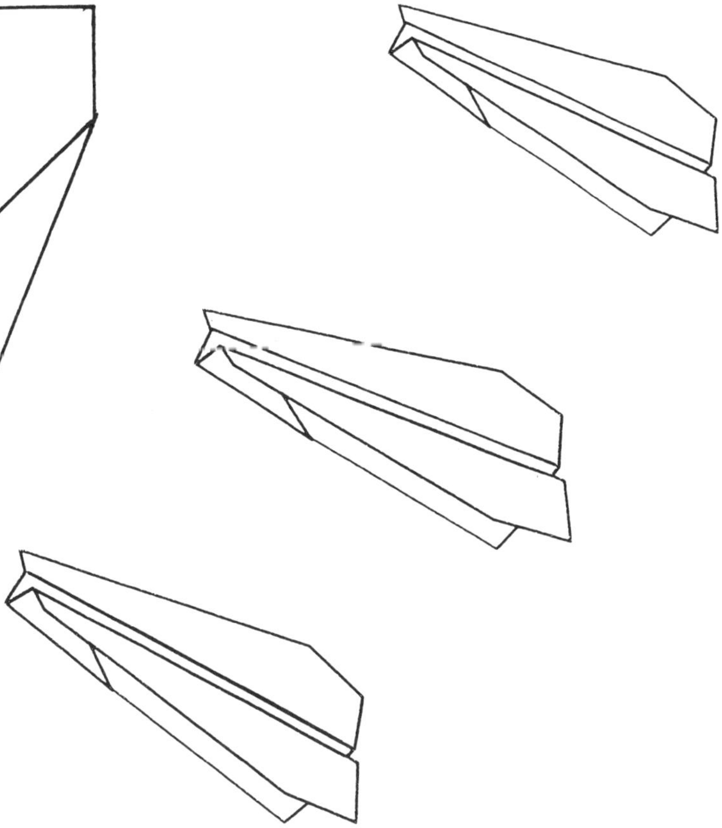

4

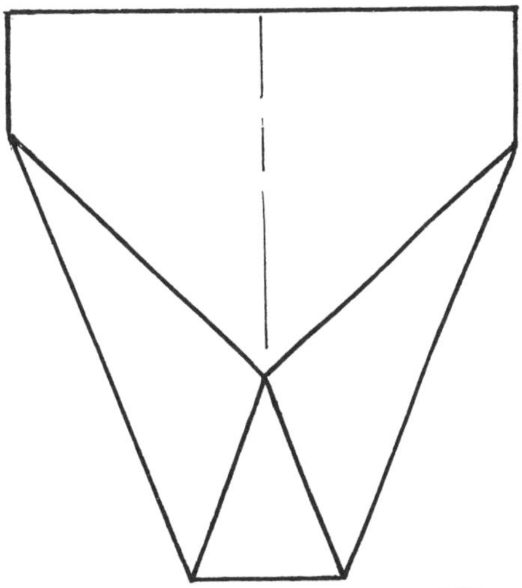

5

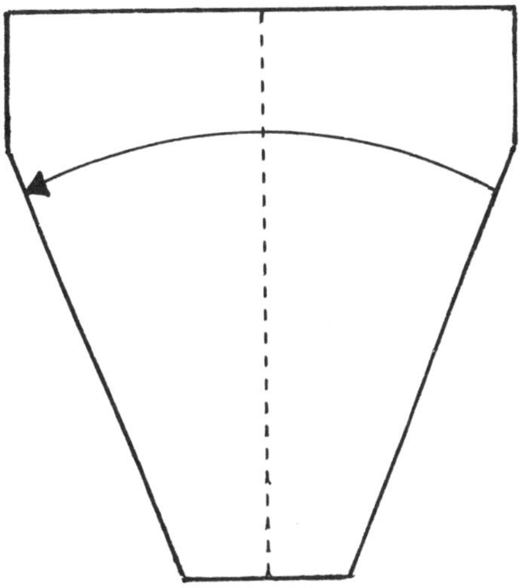

せいかつ　　月　日

11 こうえん (1)

とくてん
／100

1 あなたが　よく　いく　こうえんの　なまえを　かきましょう。（20てん）

2 こうえんに　ある　ものの　なまえを　[　　]から　えらんで　[　　]に　かきましょう。あなたの　いく　こうえんに　ある　ものには　（　）に　○を　つけましょう。（ひとつ　8てん）

①（　　）

②（　　）

③（　　）

④（　　）

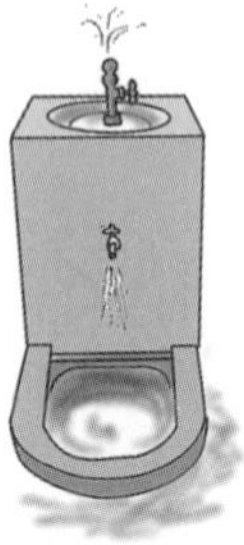

⑤（　　）

⑥（　　）

ヒント

すこし　とおくまで　いくと、「はなと　みどりの　こうえん」「スポーツ《すぽおつ》を　たのしむ　こうえん」「キャンプ《きゃんぷ》の　できる　こうえん」など、いろいろ　あります。

ジャングルジム《じゃんぐるじむ》　すべりだい　ブランコ《ぶらんこ》

シーソー《しいそお》　すなば　トイレ《といれ》　ベンチ《べんち》

ばねの　のりもの　みずのみば　ごみばこ

⑦（　　）

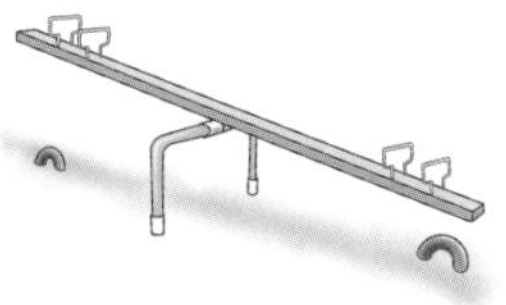

⑧（　　）

⑨（　　）

⑩（　　）

せいかつ　　月　　日　　とくてん

12 こうえん (2)

／100

1 こうえんを　たのしく　つかえるように　しごとを　している　ひとたちが　います。その　ひとたちは、どんな　しごとを　していますか。［　　］から　えらんで　［　　］に　かきましょう。みたことが　ある　しごとには　（　　）に　○を　つけましょう。

①

（　　）

(10てん)

［　　　　　　　　］

②

（　　）

(10てん)

［　　　　　　　　］

③

（　　）

(10てん)

［　　　　　　　　］

④

（　　）

(10てん)

［　　　　　　　　］

ヒント

まちの　なかの　ちいさい　こうえんでも、おおくの　ひとが　ていれを　しています。

- きの　えだなどを　きる
- おちばや　ごみを　はく
- ごみばこの　ごみを　あつめる
- かだんの　はなを　うえる
- すなばの　すなを　いれる
- ペンキ《ぺんき》を　ぬりかえる
- がいちゅうよけの　くすりを　まく
- くさむしりを　する

⑤

（　　　）

（15てん）

⑥

（　　　）

（15てん）

⑦

（　　　）

（15てん）

⑧

（　　　）

（15てん）

せいかつ　　月　日

とくてん　／100

13 くさばなと　むし

1 こうえんに　よく　ある　くさばなや　きです。
［　　］から　なまえを　えらんで　［　　］に　かきましょう。みたことの　ある　ものには　（　　）に　○を　しましょう。

（ひとつ　10てん）

① （　　）

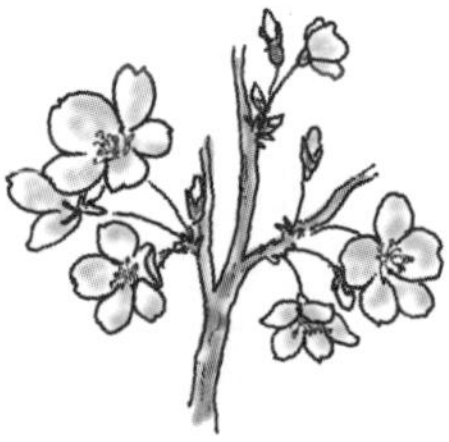

［　　　　］

② （　　）

［　　　　］

③ （　　）

［　　　　］

④ （　　）

［　　　　］

⑤ （　　）

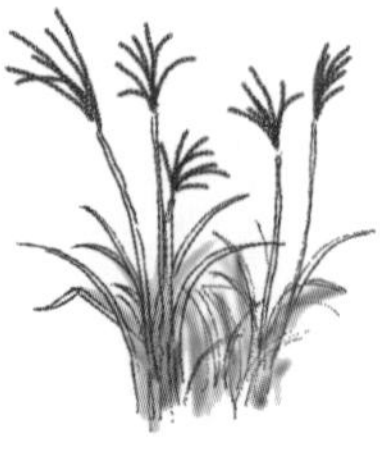

［　　　　］

ひがんばな
つつじ
さくら
すすき
コスモス《こすもす》

ヒント

1の　③、⑤は、こうえんから　だんだん　みられなく　なりました。むしも　すくなく　なってきました。

2　こうえんで　よく　みかける　むしです。
　［　　］から　なまえを　えらんで　［　　］に　かきましょう。みたことの　ある　ものには　（　　）に　○を　しましょう。
（ひとつ　10てん）

①（　　）

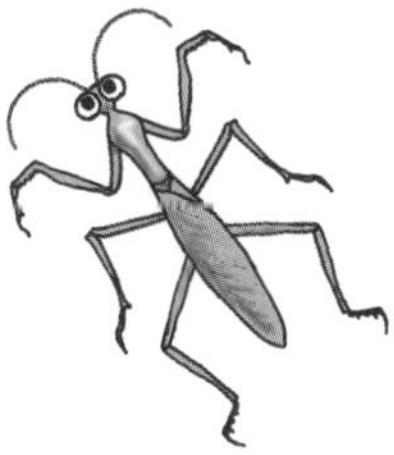

［　　　　　　］

②（　　）

［　　　　　　］

③（　　）

［　　　　　　］

④（　　）

［　　　　　　］

⑤（　　）

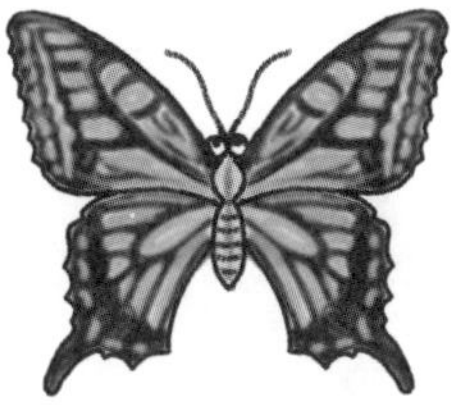

［　　　　　　］

くも
てんとうむし
かまきり
ちょう
かたつむり

せいかつ　　月　　日

14 いきもの (1)

とくてん　／100

1 つぎの　どうぶつを　なかまに　わけて　○に　いろを　ぬりましょう。（ひとつ　10てん）

(あか) ひとの　なかま
（あかちゃんを　うむ　なかま）

(あお) とりの　なかま

(きいろ) へびの　なかま

① ○

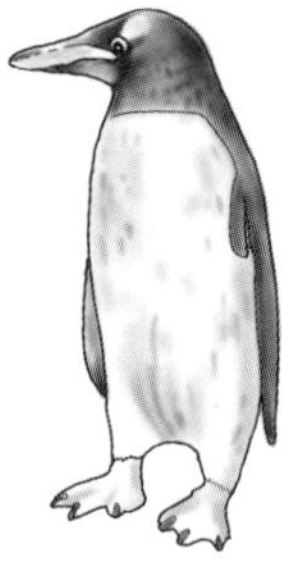

② ○

③ ○

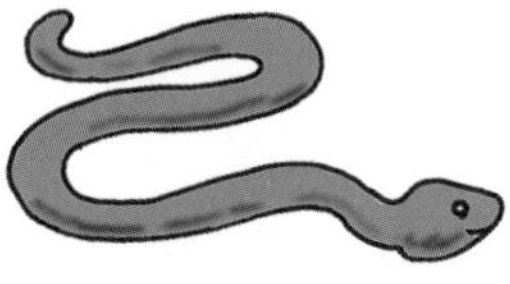

④ ○

ヒント

どうぶつの　なまえは、①ペンギン《ぺんぎん》　②くじら　③へび　④ライオン《らいおん》
⑤きりん　⑥かめ（うみがめ）　⑦わし　⑧さる　⑨わに　⑩ぞう　です。

⑤

⑥

⑦

⑧

⑨

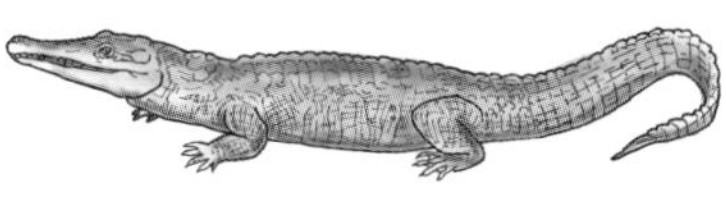

⑩

せいかつ　　月　　日

15 いきもの (2)

とくてん　／100

1 どうぶつの　なまえを　□　から　えらんで　□　に　かきましょう。こどもを　あかちゃんで　うむ　ものには　あか、たまごで　うむ　ものには　あおを　○に　ぬりましょう。

（ひとつ　5てん）

①

②

③
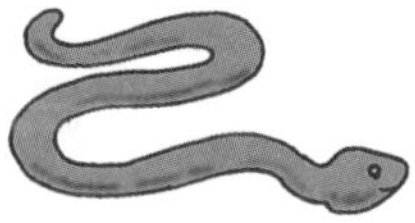

④

⑤

⑥

⑦

⑧

⑨

さる　つる　たぬき　きつね　しか　わし
りす　いぬ　くま　こうのとり　かもしか
うみがめ　いたち　うさぎ　かえる　へび
いのしし　ねこ　まぐろ　くじら

ヒント

にほんには、ニホンリス《にほんりす》や　エゾリス《えぞりす》が　います。りすの　ことを　きねずみ　とも　いいます。にほんには、オオワシ《おおわし》、イヌワシ《いぬわし》や　オジロワシ《おじろわし》が　います。

⑩

⑪

⑫

⑬

⑭

⑮

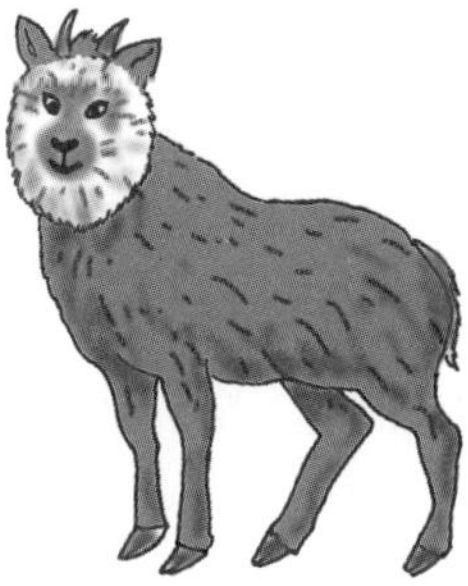

⑯

⑰

⑱

⑲

⑳

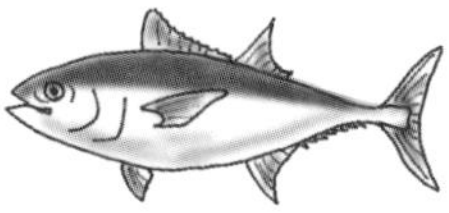

せいかつ

月　　日

16 もようを　つくろう (2)

いろがみを　2かい　おって　きりましょう。

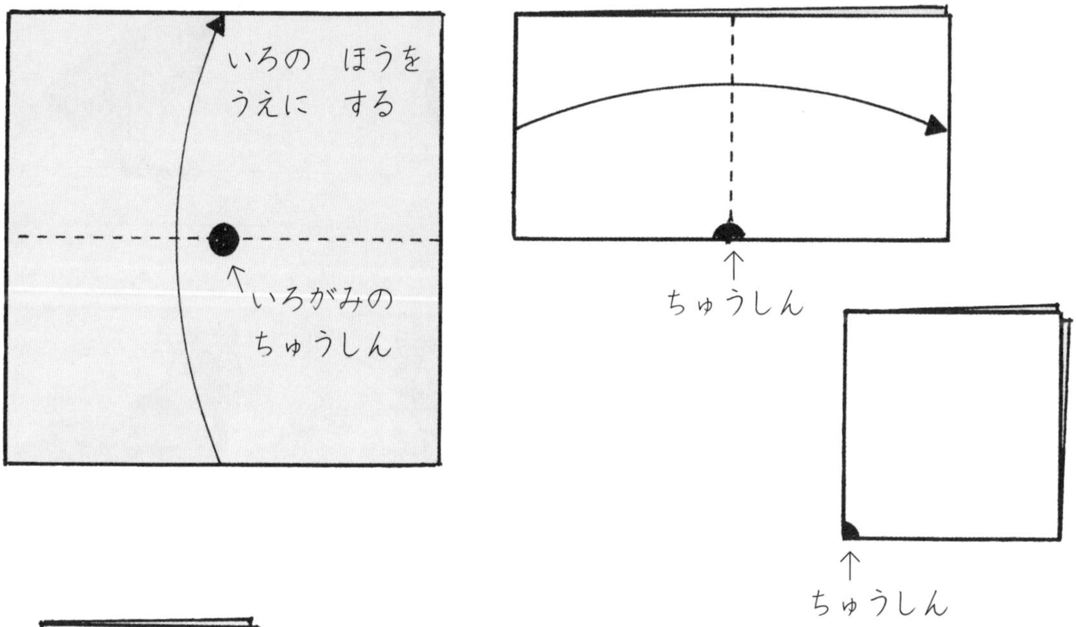

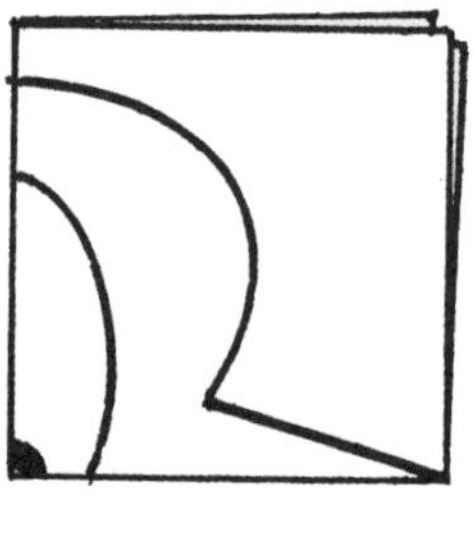

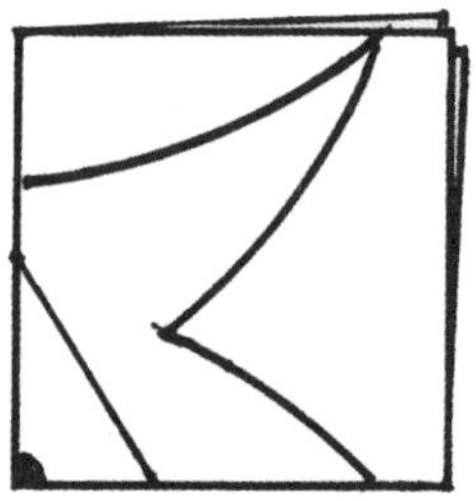

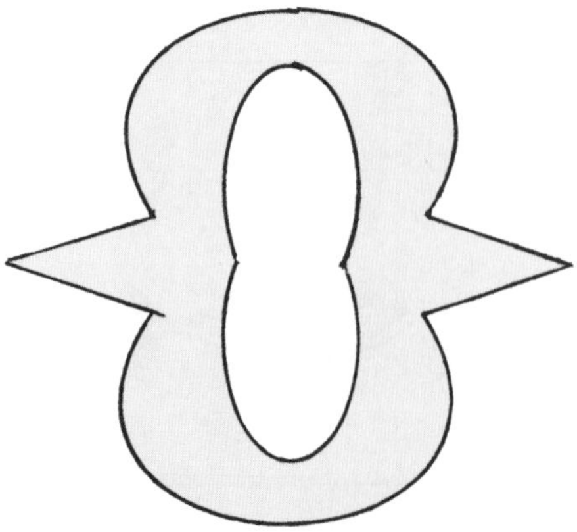

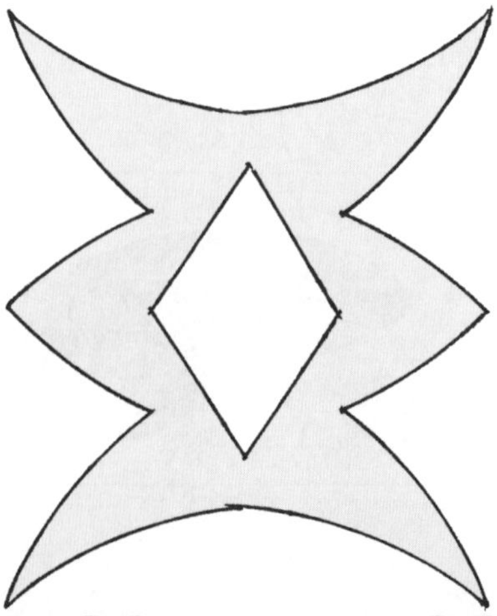

ヒント

2かい　おって　きると、とても　たのしい　もように　なります。おりがみの　ちゅうしんを　まちがえて　きると、ばらばらに　なったり　します。

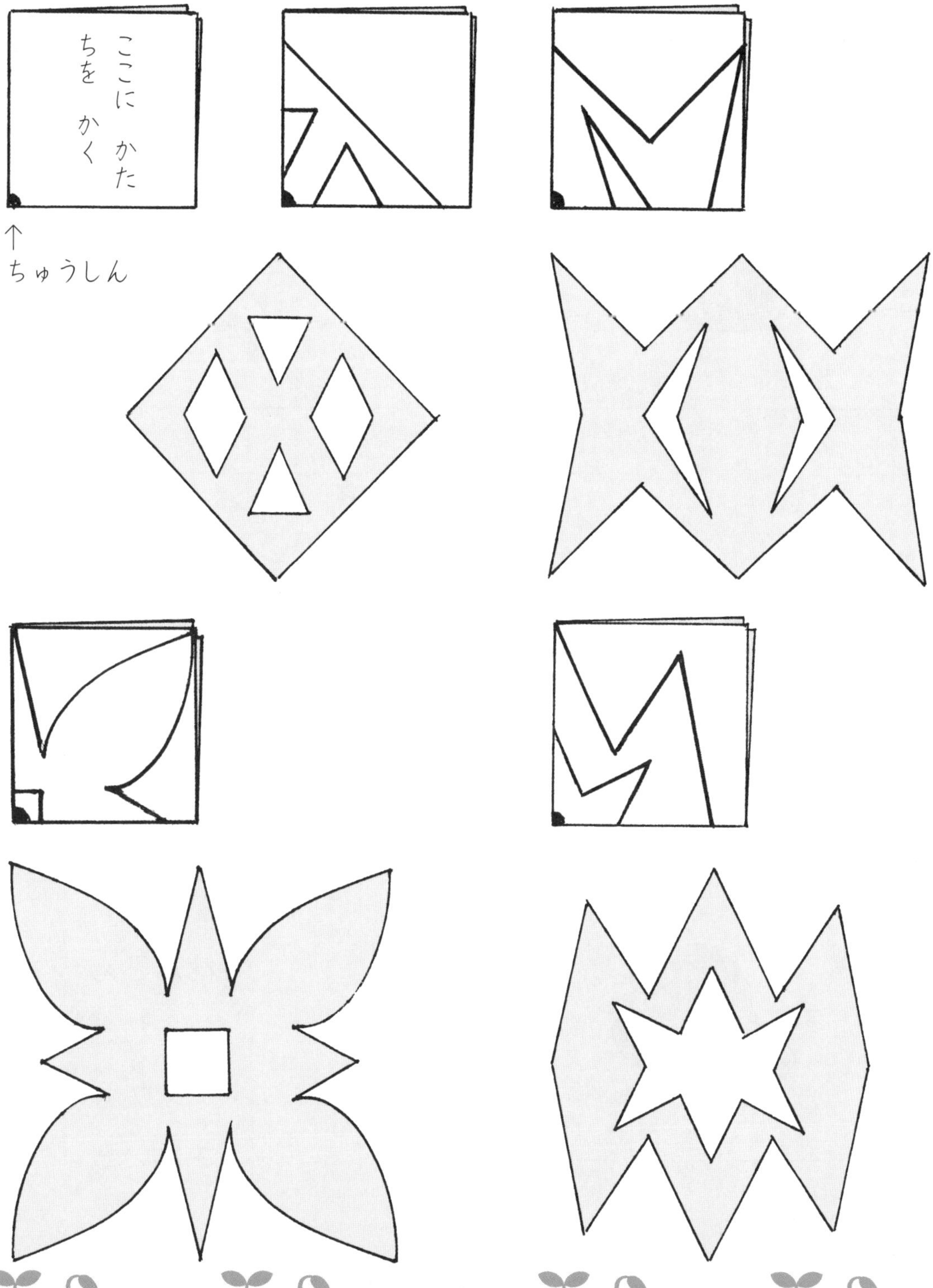

せいかつ　　月　日　　とくてん

17 たべもの (1)

／100

1 やさいの なまえを □ から えらんで □ に かきましょう。たべたことの ある やさいには （　）に ○を しましょう。 （ひとつ 10てん）

①

（　　）

②

（　　）

③

（　　）

④

（　　）

⑤

（　　）

れんこん
たまねぎ
チンゲンサイ《ちんげんさい》
さといも
いんげん

ヒント

すこし　まえまで、いちばでは、「ひらたけ」は　「しめじ」の　なで　うられて　いました。

2 やおやさんで　うっている　きのこの　なまえを　せんで　むすびましょう。たべたことの　ある　きのこには　(　　)に　○を　しましょう。（ひとつ　10てん）

①(　　)

②(　　)

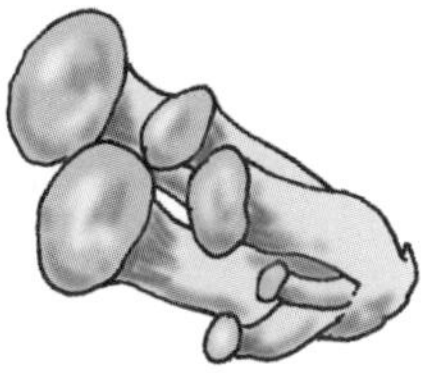

③(　　)

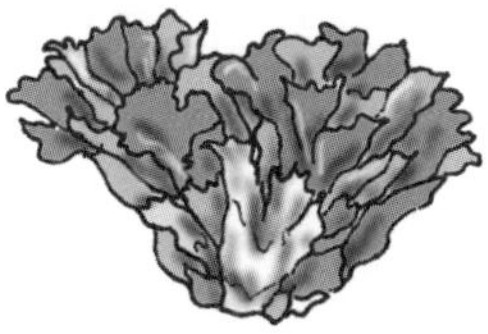

④(　　)

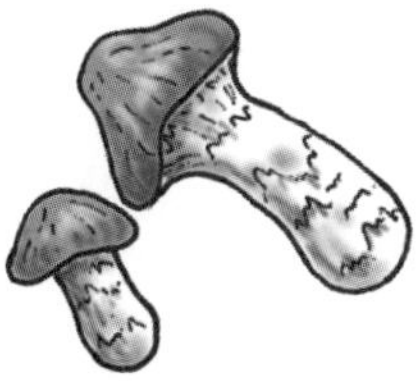

⑤(　　)

㋐　まいたけ

㋑　まつたけ

㋒　しいたけ

㋓　エリンギ《えりんぎ》

㋔　しめじ

月　　日

18 たべもの (2)

とくてん

／100

1 やさいの　なまえを　[　　]から　えらんで　[　　]に　かきましょう。たべる　ところは　どこでしょうか。[　　]から　えらんで　きごうで　(　　)に　かきましょう。

(ひとつ　10てん)

にがうり(ゴーヤー《ごおやあ》)　キャベツ《きゃべつ》　オクラ《おくら》　ごぼう
かぼちゃ　とうがらし　さつまいも　やまいも
きゅうり　しょうが

①

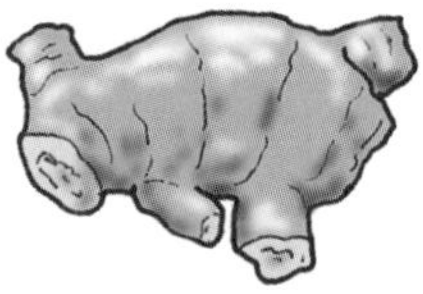

(　　)

②

(　　)

③

(　　)

④

(　　)

⑤

(　　)

⑥

(　　)

ヒント

にほんで　つくられる　やさいの　ベスト《べすと》7。①じゃがいも　②だいこん　③キャベツ《きゃべつ》　④たまねぎ　⑤ほうれんそう　⑥はくさい　⑦トマト《とまと》

Ⓐ　はを　たべる
Ⓘ　みや　たねを　たべる
Ⓤ　ねや　いもを　たべる

⑦

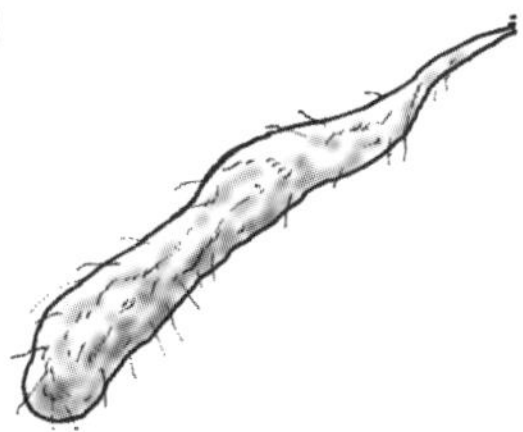

（　　）

⑧

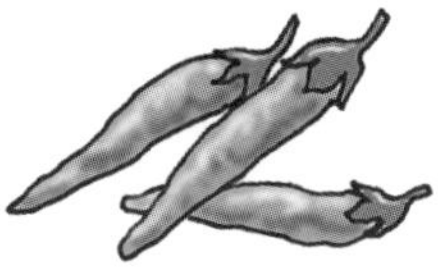

（　　）

⑨

（　　）

⑩

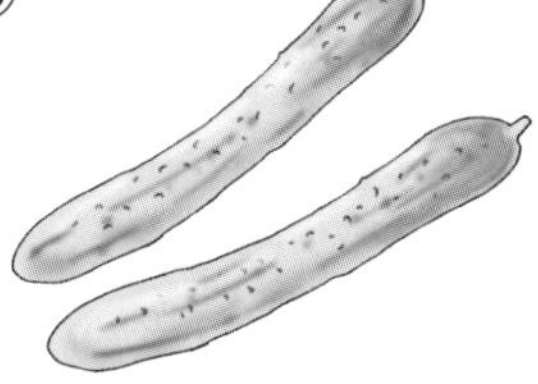

（　　）

せいかつ　　月　　日

19 たべもの (3)

とくてん　／100

1 にくやさんで　うっている　にくには、いろいろな　なまえが　ついて　います。つぎの　なまえの　にくは、どの　どうぶつの　にくでしょうか。
　うしは　あかを　ぶたは　あおを　にわとりは　きいろを　○に　ぬりましょう。　（ひとつ　5てん）

① ○ ささみ

② ○ てばさき

③ ○ サーロインステーキ《さあろいんすてえき》

④ ○ やきとり

⑤ ○ とんそく

⑥ ○ ぎゅうたん

⑦ ○ とりきも

⑧ ○ やきぶた

⑨ ○ ポークソテー《ぽおくそてえ》

⑩ ○ ぎゅうレバー《ればあ》

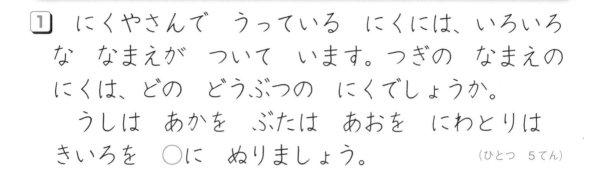

ヒント

にくりょうりの　にくは、うし・ぶた・とりが　おおいですが、そのほかにも　うま・いのしし・しか・だちょうの　にくも　つかわれます。

2 つぎの　にくりょうりに　つかわれて　いるのは、なにの　にくでしょうか。
　うしは　あかを　ぶたは　あおを　にわとりは　きいろを　○に　ぬりましょう。

（ひとつ　10てん）

①

○ とんかつ
（ポークカツ《ぽおくかつ》）

②

○ すぶた

③

○ ローストチキン《ろおすとちきん》

④

○ ビーフステーキ《びいふすてえき》

⑤

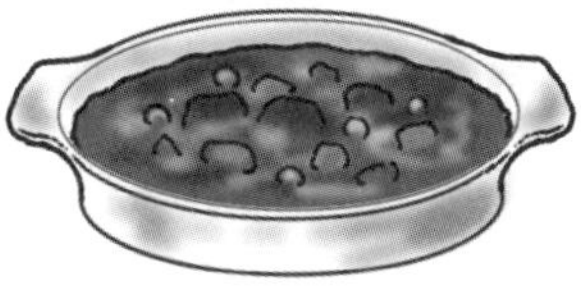

○ ビーフシチュー《びいふしちゅう》

せいかつ

月　　日

20 とばそう ⑵ へそひこうき

1

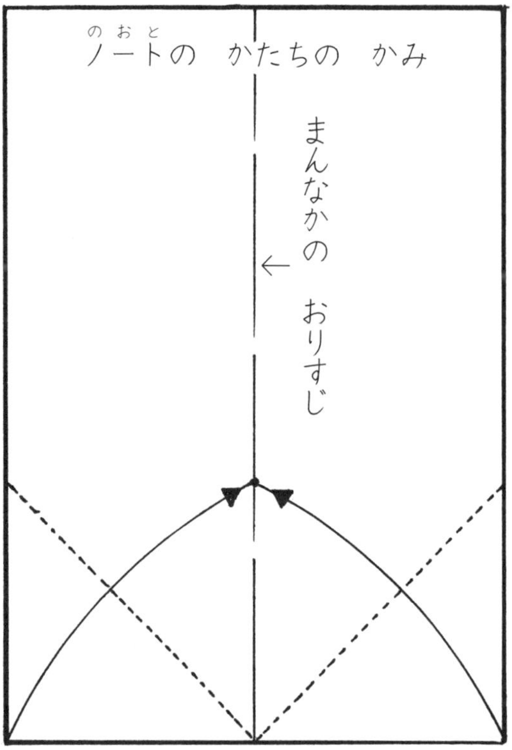

2

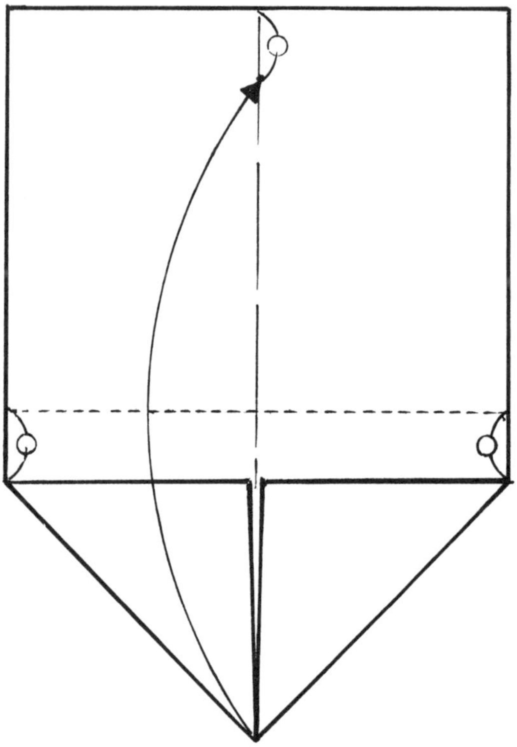

7

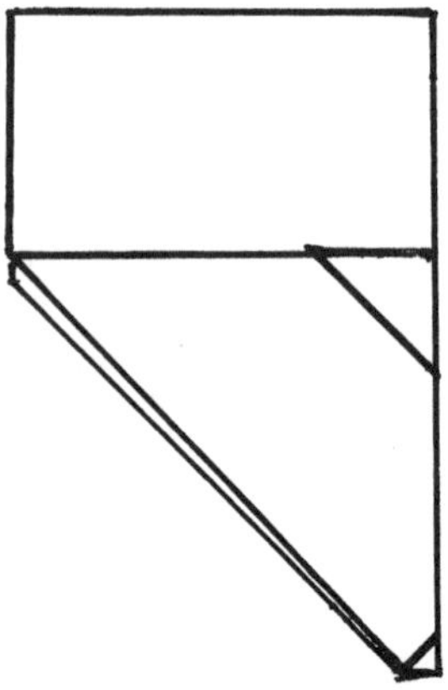

8

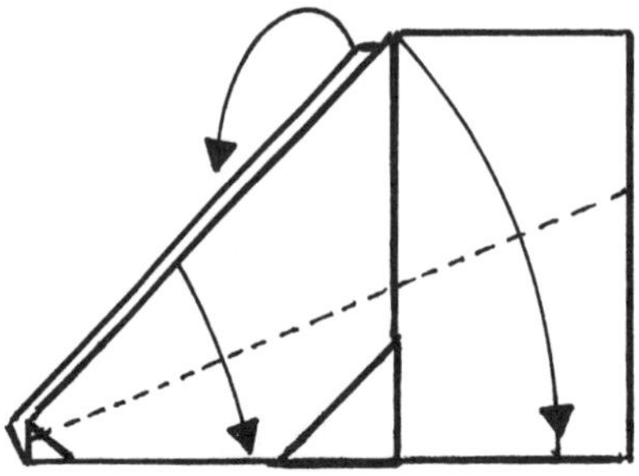

ヒント

はねを　すこし　うえに　あげたり、はねの　うしろを　かるく　まげたりして、くふうして　とばしましょう。いろんな　とびかたを　します。

3

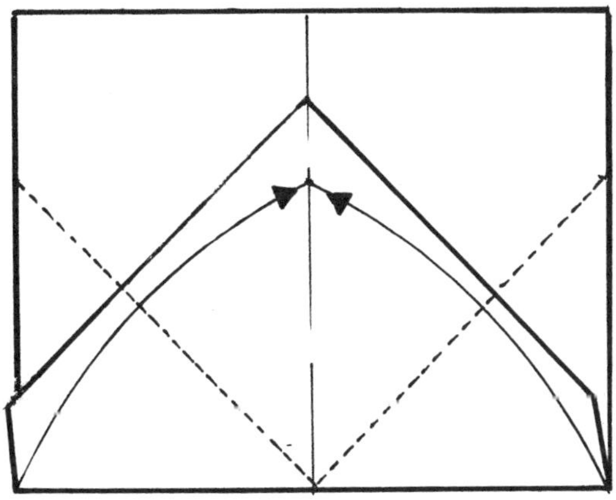

4

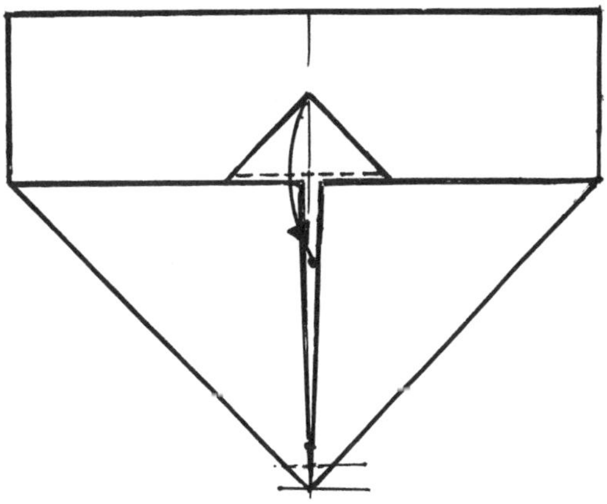

すこし　うえへ　おる

5

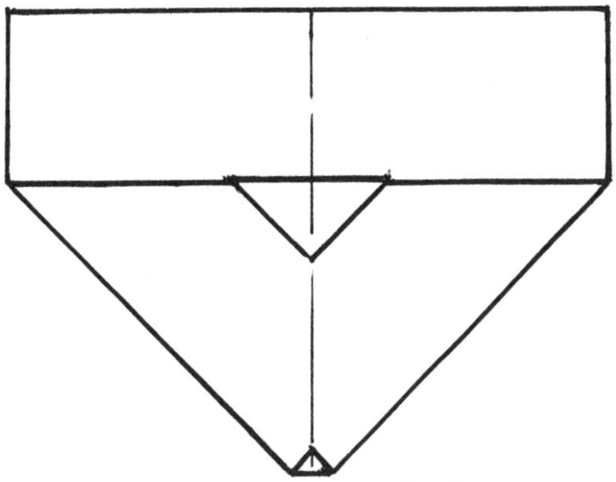

6

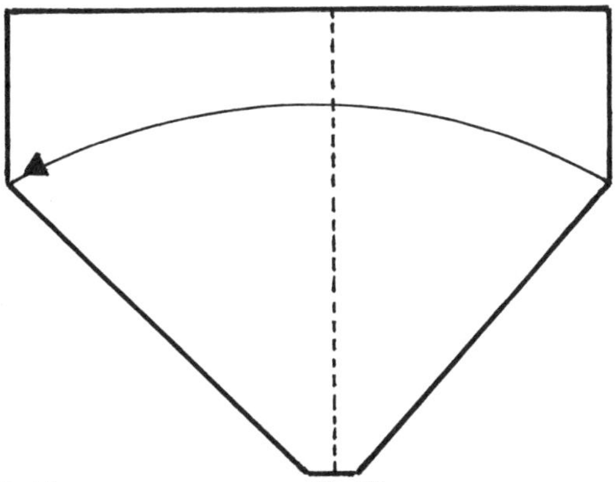

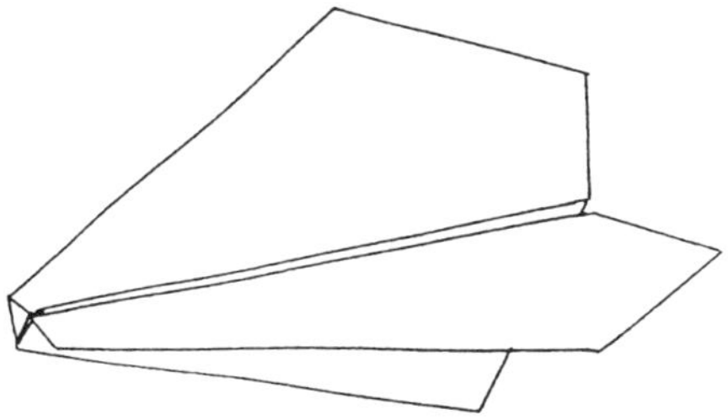

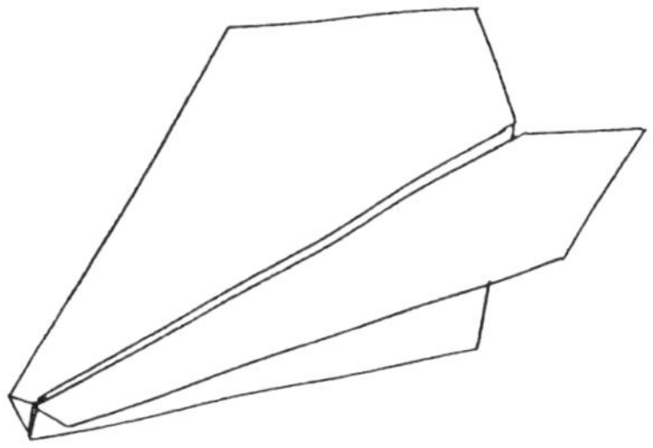

⑦ 入《ニュウ　い・る》＋学《ガク　まな・ぶ》

⑧ 出《シュツ　で・る》＋口《コウ　くち》

⑨ 休《キュウ　やす・む》＋日《ニチ　ジツ　ひ》

⑩ 先《セン　さき》＋生《セイ　い・きる》

2 このページに　でてくる　かん字を □ に　かきましょう。（ひとつ　2てん）

① あお

② しろ

③ まな・ぶ

④ はや・い

⑤ むし

⑥ つち

⑦ ちい・さい

⑧ つき

⑨ い・きる

⑩ くち

⑪ いし

⑫ みみ

⑬ やす・む

⑭ あか

⑮ さき

⑯ ただ・す

⑰ で・る

⑱ め

⑲ ひ

⑳ い・きる

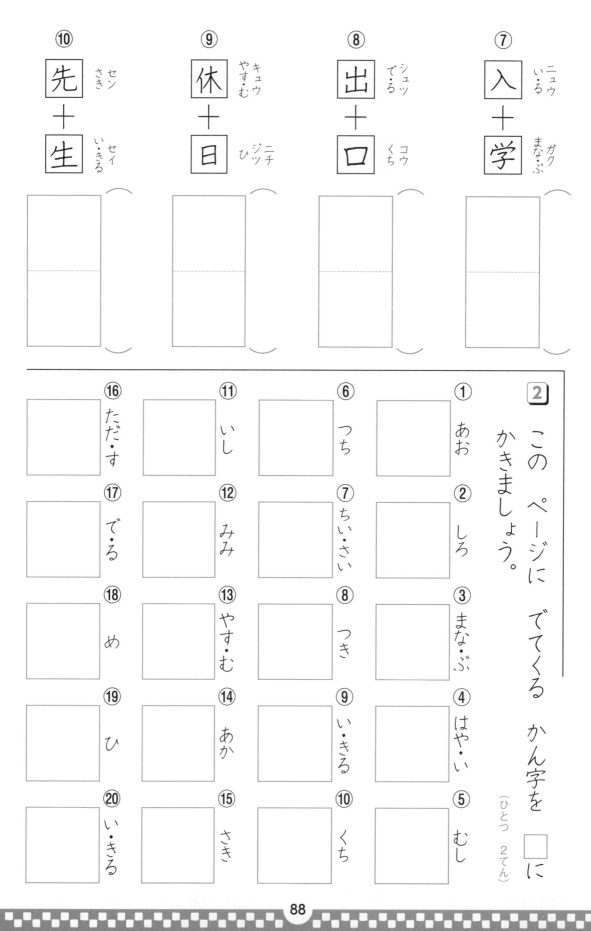

こくご

19 かん字《じ》の たしざん（三）

ヒント

「山・川・草・木（やま、かわ、くさ、き）」を 四《よ》字《じ》つづけて よむと 「山川草木」（サンセンソウモク）と よみがなが かわります。

とくてん　／100

月　日

1 かん字《じ》の たしざんを して、かん字 ふたつの ことばを つくりましょう。
よみがなを ひらがなで かきましょう。

（ひとつ 6てん）

① 小《ショウ　ちい・さい　こ》＋石《セキ　いし》

② 青《セイ　あお》＋虫《チュウ　むし》

③ 正《セイ　ショウ　ただ・す》＋月《ゲツ　ガツ　つき》

④ 赤《セキ　あか》＋土《ド　つち》

⑤ 白《ハク　しろ》＋目《モク　め》

⑥ 早《ソウ　はや・い》＋耳《みみ》

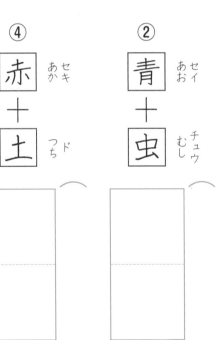

⑦ 山《サン》《やま》＋村《ソン》《むら》

⑧ 天《テン》＋下《カ》《した》

⑨ 水《スイ》《みず》＋車《シャ》《くるま》

⑩ 年《ネン》《とし》＋月《ゲツ》《つき》

2 この ページに でてくる かん字を □に かきましょう。（ひとつ 2てん）

① つち
② くさ
③ とし
④ おと
⑤ ひと
⑥ じ
⑦ むら
⑧ くるま
⑨ うえ
⑩ つき
⑪ あし
⑫ な
⑬ て
⑭ てん
⑮ とお
⑯ そら
⑰ した
⑱ しち
⑲ やま
⑳ みず

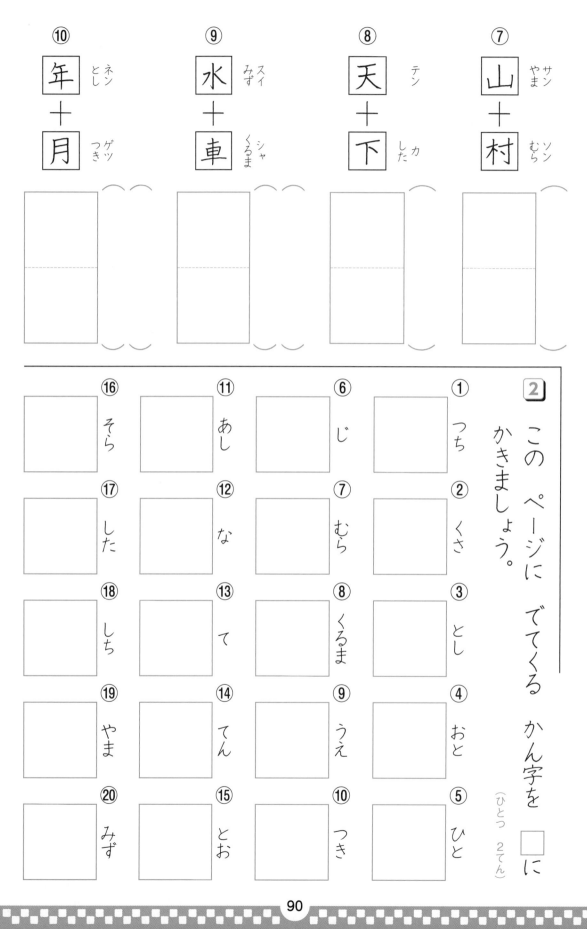

こくご

18 かん字《じ》の たしざん（二）

ヒント

「上下」は、「うえした」とも 「じょうげ」とも よみます。
1の ⑨と ⑩は、ちがう よみかたが あります。

とくてん　／100

月　日

1 かん字《じ》の たしざんを して、かん字 ふたつの ことばを つくりましょう。
よみがなを ひらがなで かきましょう。（ひとつ 6てん）

① 足《ソク》《あし》＋音《オン》《おと》

（　　）

② 七《シチ》《なな》＋草《ソウ》《くさ》

（　　）

③ 土《ト ド》《つち》＋手《シュ》《て》

（　　）

④ 十《ジュウ》《とお》＋字《ジ》

（　　）

⑤ 上《ジョウ》《うえ》＋空《クウ》《そら》

（　　）

⑥ 名《メイ》《な》＋人《ジン ニン》《ひと》

（　　）

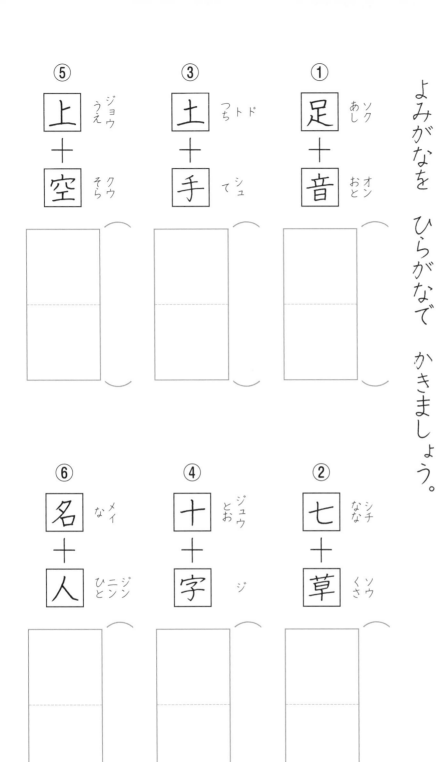

⑦ 草《ソウ》《くさ》＋花《カ》《はな》（　　）

⑧ 水《スイ》《みず》＋田《デン》《た》（　　）

⑨ 空《クウ》《そら》＋中《チュウ》《なか》（　　）

⑩ 天《テン》＋気《キ》（　　）

2 このページに　でてくる　かん字を□に　かきましょう。（ひとつ　２てん）

① てん □
② て □
③ はやし □
④ そら □
⑤ はな □
⑥ た □
⑦ おんな □
⑧ やま □
⑨ あし □
⑩ みぎ □
⑪ ひ □
⑫ ひだり □
⑬ き □
⑭ こ □
⑮ もり □
⑯ なか □
⑰ おう □
⑱ みず □
⑲ くさ □
⑳ おとこ □

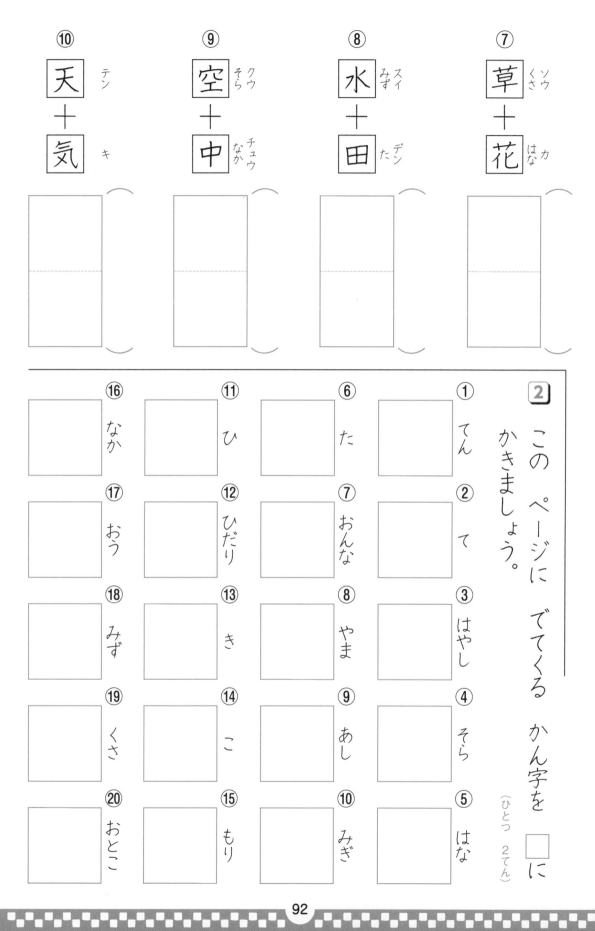

こくご

17 かん字《じ》の たしざん（一）

ヒント

かん字《じ》と かん字を たしざんして できる ことばを 「じゅくご」と いいます。「右手」や「火山」などです。

とくてん　／100

月　日

1 かん字《じ》の たしざんを して、かん字 ふたつの ことばを つくりましょう。よみがなを ひらがなで かきましょう。

（ひとつ 6てん）

① 右《ウ》《みぎ》 ＋ 手《シュ》《て》

② 左《サ》《ひだり》 ＋ 足《ソク》《あし》

③ 女《ジョ》《おんな》 ＋ 王《オウ》

④ 男《ダン》《おとこ》 ＋ 子《シ》《こ》

⑤ 火《カ》《ひ》 ＋ 山《サン》《やま》　（　　ざん）

⑥ 森《シン》《もり》 ＋ 林《リン》《はやし》

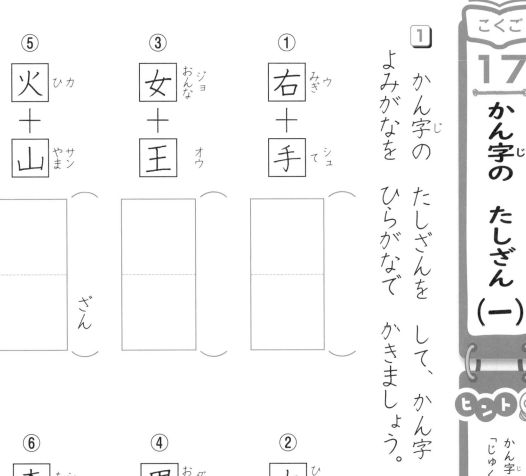

⑤ 川の水だね

⑥ 山の土だね

⑦ 白い車かな

⑧ 赤い花かな

⑨ 竹の下だよ

⑩ 木の上だよ

---

⑤ □《ひだり》□《あし》でける

⑥ □《たけ》の□《した》だよ

⑦ □《おんな》の□《ひと》です

⑧ □《みぎ》□《て》でもつ

⑨ □《しろ》い□《くるま》かな

⑩ □《かわ》の□《みず》だね

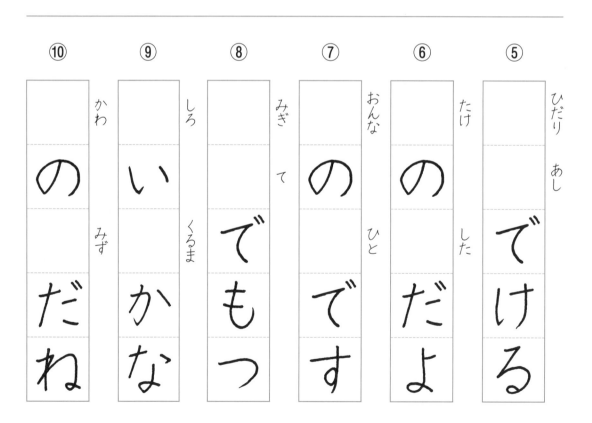

こくご

16 かん字《じ》（五）

ヒント

右手で 左手や 右足や 左足を つかめます。でも、じぶんの 右手は つかめません。

とくてん ／100

月 日

1 かん字《じ》の よみがなを かきましょう。なぞりがきを しましょう。（ひとつ 5てん）

① 右手でもつ

② 左足でける

③ 女の人です

④ 男の子です

2 □に かん字を かきましょう。（ひとつ 5てん）

① □《おとこ》の□《こ》です

② □《やま》の□《つち》だね

③ □《あか》い□《はな》かな

④ □《き》の□《うえ》だよ

⑤ 中学二年生

⑥ 村の田はた

⑦ 町の人たち

⑧ 千さつの本

⑨ 四百人の村

⑩ 金いろの月

---

⑤ □《おお》□《あめ》のあさ

⑥ □《よん》□《ひゃく》□《にん》の□《むら》

⑦ □《だん》□《し》は□《ご》□《にん》

⑧ □《ちゅう》□《がく》□《に》□《ねん》□《せい》

⑨ □《むら》の□《た》はた

⑩ □《じょ》□《し》は□《ろく》□《にん》

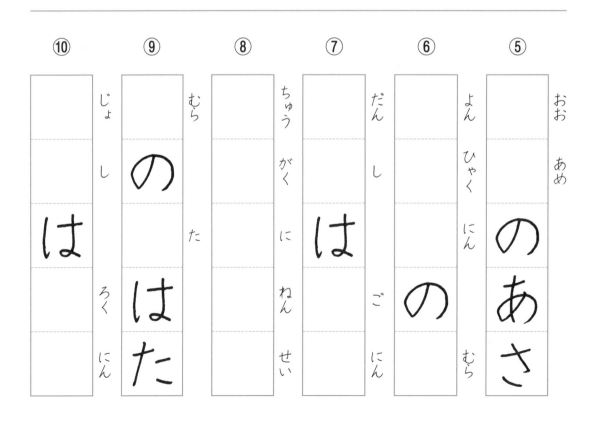

こくご

15 かん字《じ》（四）

1 かん字《じ》の よみがなを かきましょう。なぞりがきを しましょう。（ひとつ 5てん）

① 大雨のあさ

② 男子は五人

③ 女子は六人

④ 夕やけの空

2 □に かん字を かきましょう。（ひとつ 5てん）

① □《ゆう》やけの□《そら》

② □《まち》の□《ひと》たち

③ □《せん》さつの□《ほん》

④ □《きん》いろの□《つき》

ヒント

「男《おとこ》の子《こ》」は、つづけると「男子」です。
「女《おんな》の子《こ》」は、つづけると「女子」です。

とくてん

／100

月　日

⑤ 花見の人人

⑥ 千本の赤糸

⑦ 草花のたば

⑧ ここは出口

⑨ 入り口の先

⑩ 村の森と林

---

⑤ □《むら》の□《もり》と□《はやし》

⑥ □《てん》□《き》は□《じょう》□《じょう》

⑦ □《めい》□《じん》の□《ひだり》□《て》

⑧ ここは□《で》□《ぐち》

⑨ □《せん》□《せい》の□《みぎ》□《あし》

⑩ □《せん》□《ぼん》の□《あか》□《いと》

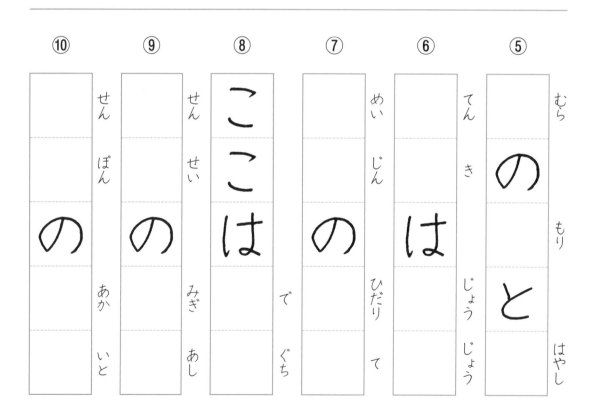

こくご

14 かん字《じ》（三）

1 かん字《じ》の よみがなを かきましょう。なぞりがきを しましょう。（ひとつ 5てん）

① 本日は休み

② 天気は上上

③ 名人の左手

④ 先生の右足

2 □に かん字を かきましょう。（ひとつ 5てん）

① □《はな》□《み》の□《ひと》□《びと》

② □《い》り□《ぐち》の□《さき》

③ □《くさ》□《ばな》のたば

④ □《ほん》□《じつ》は□《やす》み

ヒント

「天気は 上上」は、「天気が よい」という いみです。
「人人」は、「たくさんの 人」という いみです。

とくてん

／100

月　日

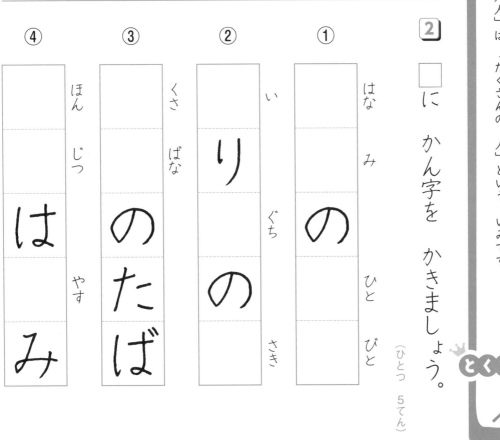

⑤ 六年の男子

⑥ 中一の女子

⑦ 小犬の目玉

⑧ 山村の森林

⑨ 百人力の男

⑩ 正月の天気

---

⑤ そら の み か づき

⑥ ひゃく にん りき の おとこ

⑦ しょう がつ の てん き

⑧ おう じょ の え ほん

⑨ ちゅう いち の じょ し

⑩ さん そん の しん りん

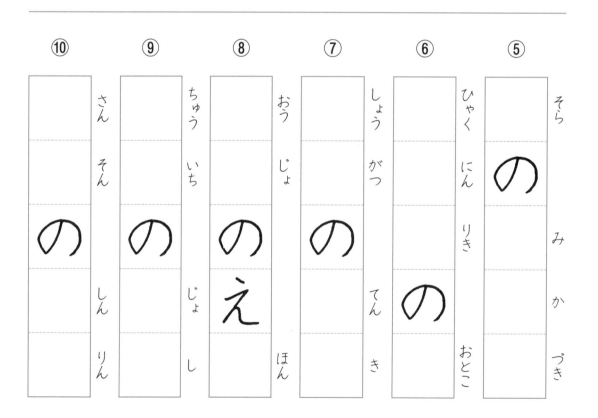

こくご

13 かん字《じ》（二）

1 かん字《じ》の よみがなを かきましょう。なぞりがきを しましょう。（ひとつ 5てん）

① 空《そら》の三日月

② 王女のえ本

③ 十七の文字

④ 目立つ子犬

2 □に かん字を かきましょう。（ひとつ 5てん）

① □《め》□《だ》つ□《こ》□《いぬ》

② □《ろく》□《ねん》の□《だん》□《し》

③ □《こ》□《いぬ》の□《め》□《だま》

④ □《じゅう》□《しち》の□《も》□《じ》

ヒント

「子犬」は「子どもの 犬」です。
「小犬」は「小さい 犬」です。

とくてん

／100

月　日

⑤ 白い貝がら

⑥ 赤いお手玉

⑦ 水田のいね

⑧ 小さい子犬

⑨ 水玉もよう

⑩ 早口ことば

---

⑤ □《すい》□《でん》のいね

⑥ □《あお》い□《め》の□《ひと》

⑦ □《みず》□《たま》もよう

⑧ □《おお》きい□《すい》□《しゃ》

⑨ □《はな》□《み》と□《つき》□《み》

⑩ □《あか》いお□《て》□《だま》

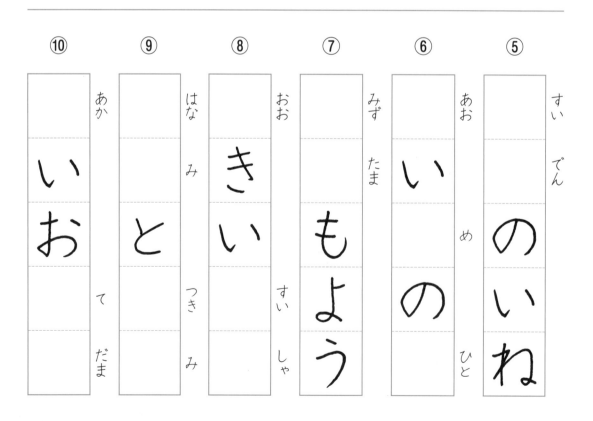

12 かん字《じ》(一)

1 かん字《じ》の よみがなを かきましょう。なぞりがきを しましょう。(ひとつ 5てん)

① 小《お》川の水草

② 青い目の人

③ 大きい水車

④ 花見と月見

2 □に かん字を かきましょう。(ひとつ 5てん)

① □《ちい》さい□《こ》□《いぬ》

② □《しろ》い□《かい》がら

③ □《お》□《がわ》の□《みず》□《くさ》

④ □《はや》□《くち》ことば

ヒント

「水車」は「すいしゃ」とも「みずぐるま」とも よみます。

とくてん

／100

月 日

バスケットボール

ストップウォッチ

ミネラルウォーター

ゴールデンウィーク

ヨット

ベッド

パン

ピン

こくご

11

カ《か》タ《た》カ《か》ナ《な》（三）

ヒント

かたかなの　ことばが　ふえています。ファッションと　いう　ことばが　つかわれると、ファッションショー、ファッションモデルなどが　つくられます。

月　日

◎てほんの　じを　みて　かきましょう。

ミックスジュース

シャープペンシル

ガソリンスタンド

◎てほんの　じを　なぞりましょう。

チーズ

ギター

ルビー

オルゴール

ユニホーム

カンガルー

トースター

クリーニング

テニスコート

チンパンジー

ケーブルカー

こくご

10 カタカナ《かたかな》（二）

ヒント

かたかなで　かく　ことばの、のばす　ところは　「ー」で　あらわします。
「ケーキ」「シーソー」「スケート」の　ように　かきます。

月　　日

◎てほんの　じを　みて　かきましょう。

ハンバーグ

チャーハン

マーケット

◎てほんの　じを　なぞりましょう。

カレーライス

コマーシャル

テレビゲーム

リボン

インク

テント

レタス

クラス

カメラ

クイズ

ココア

アンテナ

アイロン

アルバム

サボテン

こくご

9 カタカナ《かたかな》（一）

月　日

ヒント

かたかなは　がいこくから　きた　ことばを　かく　ときに　つかいます。
「ライオン」や　「ゴリラ」は、かたかなで　かきます。

◎てほんの　じを　みて　かきましょう。

◎てほんの　じを　なぞりましょう。

メロン

パンダ

タオル

トマト

ガラス

カルタ

クレヨン

コスモス

トランプ

わたしまけましたわ

（わたし　まけましたわ）

かんけいないけんか

（かんけいない　けんか）

よるせみをみせるよ

（よる　せみを　みせるよ）

なくなこねこよこねこなくな

（なくな　こねこよ　こねこ　なくな）

こくご

8 したから　よんでも

ヒント

うえから　よんでも　したから　よんでも　おなじ　ぶんです。
これを　かいぶんと　いいます。

月　日

◎よく　よみましょう。
◎みて　かきましょう。
◎なぞりがきを　しましょう。

（にわに　わに）

にわにわに

（うた　うたう）

うたうたう

（なつまで　まつな）

なつまでまつな

（ミルクと　クルミ）

みるくとくるみ

（ダンスが　すんだ）

だんすがすんだ

（イルカは　かるい）

いるかはかるい

とおめがね
（ぼうえんきょうの　こと）

とおりあめ

ひとどおり

ほおじろ
（とりの　いっしゅ）

とおせんぼう

とお
（十の　こと）

とおまわり

こおり

とおりみち

ほお
（ほっぺたの　こと）

ほおづえ

ほおずり

こくご

7 のばして よむ（三）

ヒント

「お」の だんの ことばを のばすと 「オ《お》ー」に なりますが、「お」と かく ことばは、ここに のっている ことばくらいしか ありません。

月　日

◎「・」の じを のばして よみましょう。 ◎みて かきましょう。

◎なぞりがきを しましょう。

こおろぎ

おおかみ

おおあめ

ほおずき

おおぜき

おおぜい

おおみそか

おおずもう

おおどおり

にいさん

りょこう

ようじん

ひこうき

ばあさん

こうこう

（こうこう二《に》年《ねん》生《せい》）

ぼうけん

こうえん

じいさん

ほうせき

（ダイヤ・ルビー）

つうしん

あかんぼう

6 のばして よむ（二）

月　日

ヒント

「おうむ」は 「おーむ」と よみます。ゆっくり のばして よみましょう。

◎「・」の じを のばして よみましょう。 ◎みて かきましょう。

◎なぞりがきを しましょう。

おうむ

すうじ

どうぶつ

こうば

どうろ

ほうたい

ぼうし

こうさく

ゆうやけ

おうさま

さんすう

すいとう

かあさん

ろうそく

たいそう

がっこう

ねえさん

ほうそう

たいふう

こうつう

やじろべえ

こくご

5 のばして よむ（一）

◎「・」の じを のばして よみましょう。

◎みて かきましょう。

◎なぞりがきを しましょう。

そうじ

もうふ

ようかん

くうき

ゆうひ

とうさん

とうふ

ふうりん

がようし

ヒント

「そうじ」を「そうじ」と よむと おかしな かんじが します。
「そうじ」は「そーじ」と のばして よみます。

月　日

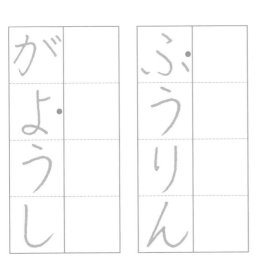

アイウエオ

カキクケコ

サシスセソ

タチツテト

ナニヌネノ

ハヒフヘホ

マミムメモ

ヤイユエヨ

ラリルレロ

ワイウエヲ

ン

こくご

4 あいうえお（四）

月　日

ヒント

おともだちや　おとうさん、おかあさんと　こえを　あわせて　よむと、たのしく、あかるく　なります。こころも　あかるく　なります。

◎よみましょう。

◎みながら　かきましょう。

◎なぞりがきを　しましょう。

やいやいけんかだ

らんらんるんるん

わいわいなかよし

ヤイユエヨ

ラリルレロ

ワイウエヲ

ン

たちたちきをつけ

なになにおしえて

はひはひマラソン

まみまみもみもみ

タチツテト

ナニヌネノ

ハヒフヘホ

マミムメモ

こくご

3 あいうえお（三）

月　日

ヒント

「あいあい」とか「かきかき」の　ように　おなじ　ことばを　かさねる　と、よむのが　たのしく　なります。

◎よみましょう。

◎みながら　かきましょう。

◎なぞりがきを　しましょう。

あいあいあいさつ

かきかきかたかな

さしさしゆびさし

アイウエオ

カキクケコ

サシスセソ

あいうえお
かきくけこ
さしすせそ
たちつてと
なにぬねの

はひふへほ
まみむめも
やいゆえよ
らりるれろ
わいうえを

ん

こくご

2 あいうえお（二）

◎よみましょう。

◎みながら　かきましょう。

◎なぞりがきを　しましょう。

ヒント

「あいうえおきろ」から　はじまる「あいうえおうた」も　あります。
よんで　みましょう。（「どきん」谷川《たにがわ》俊《しゅん》太郎《たろう》　理論社《りろんしゃ》）

やぎさんもぐもぐ

らいおんすやすや

わかさぎぴちぴち

やいゆえよ

らりるれろ

わいうえを

ん

月　日

たぬきがたんたん

なめくじぬるぬる

はとのめくるくる

まんもすどすどす

たちつてと

なにぬねの

はひふへほ

まみむめも

こくご

1 あいうえお（一）

月　日

ヒント

「あいうえお」の　うたを　しょうかい　しています。
じぶんで　つくるのも　たのしいです。

◎よみましょう。

◎みながら　かきましょう。

◎なぞりがきを　しましょう。

ありんこぞろぞろ

からすがかあかあ

さるのこするする

あいうえお

かきくけこ

さしすせそ

1年 こたえ

さんすう

1 10までの　かず (P. 4・5)

1 ① 6　② 9　③ 7　④ 8
⑤ 10

2 ① 10…
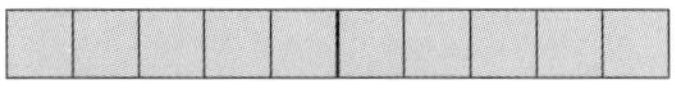
② 7 …
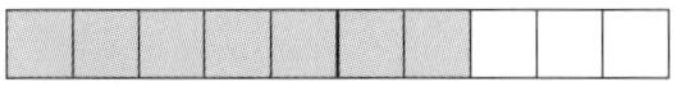
③ 6 …
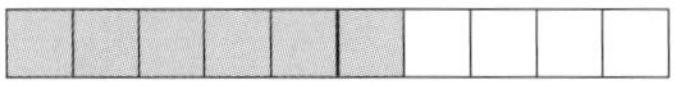
④ 9 …
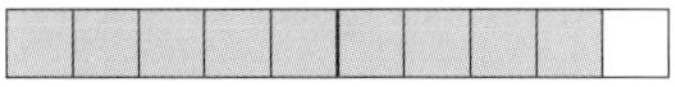
⑤ 8 …
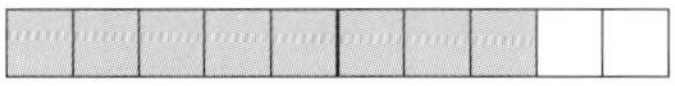

3 ① 7　② 8　③ 9　④ 10

4 ① 6→7→8→9→10
② 6→7→8→9→10
③ 5→6→7→8→9→10

2 なんばんめ (P. 6・7)

1 ①

②

③

④

⑤

⑥

⑦

⑧

2 ① 4にん　② 3にん　③ 4ばんめ

3 ① 3にん　② 5ばんめ

3 いくつと　いくつ (P. 8・9)

1 ① 4　② 4　③ 5　④ 3
⑤ 5　⑥ 7　⑦ 1　⑧ 4
⑨ 2　⑩ 3　⑪ 2　⑫ 6
⑬ 8　⑭ 6　⑮ 2　⑯ 5
⑰ 3　⑱ 3　⑲ 4　⑳ 3

4 あわせて？　ふえると？ (P. 10・11)

1 ① 4＋3＝7　7ほん
② 3＋3＝6　6にん

2 ① 7　② 9　③ 9　④ 8
⑤ 7　⑥ 5　⑦ 9　⑧ 9
⑨ 7　⑩ 10　⑪ 8　⑫ 8
⑬ 8　⑭ 10　⑮ 3　⑯ 8
⑰ 8　⑱ 9　⑲ 10　⑳ 10

5 のこりは？　ちがいは？ (P. 12・13)

1 ① 6－2＝4　4こ
② 8－7＝1　1こ

2 ① 1　② 6　③ 3　④ 4
⑤ 8　⑥ 3　⑦ 3　⑧ 2
⑨ 4　⑩ 6　⑪ 1　⑫ 1
⑬ 5　⑭ 7　⑮ 2　⑯ 1
⑰ 5　⑱ 4　⑲ 1　⑳ 5

6 10より　おおきい　かず (P. 14・15)

1 ① 18　② 13　③ 17　④ 12

2 ① 15　② 12　③ 17　④ 14

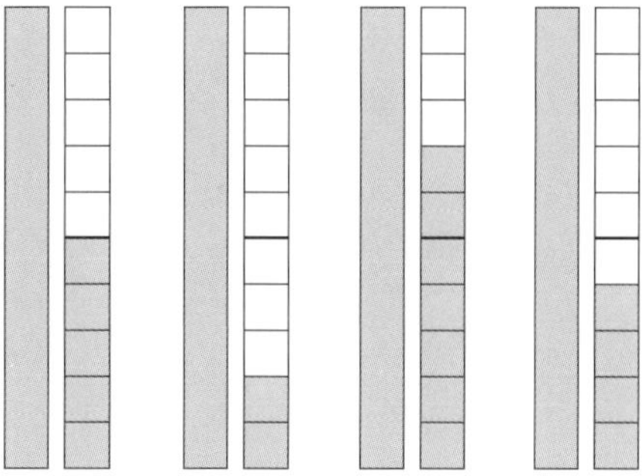

3 ① 9→10→11→12→13→14

② 12→13→14→15→16→17

③ 14→15→16→17→18→19

④ 7→8→9→10→11→12

⑤ 10→9→8→7→6→5

⑥ 17→16→15→14→13→12

7 どちらが　ながい (P. 16・17)

1 ① たて

② よこ

2 あに○

3 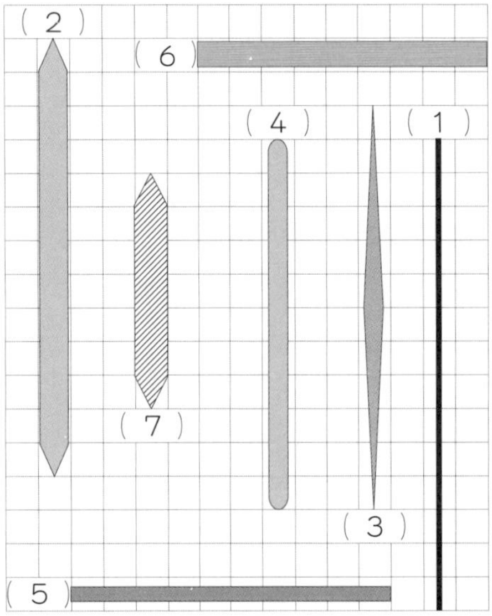

8 どちらが　おおい (P. 18・19)

1 ① う

② い

2 ① え

② い

3 いが　2はいぶん　おおい

4 ① 3ばいぶん

② 2はいぶん

9 かたち (1) (P. 20・21)

1 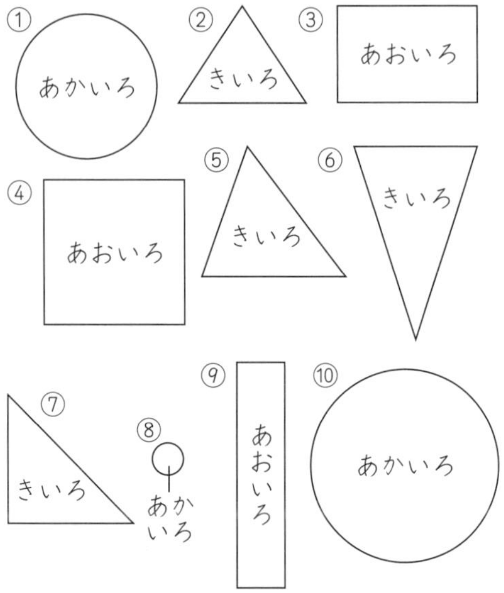

2  ③, ⑤, ⑦, ⑨　 ②, ⑥, ⑧

 ①, ④, ⑩

10 かたち (2) (P. 22・23)

1 (れい)

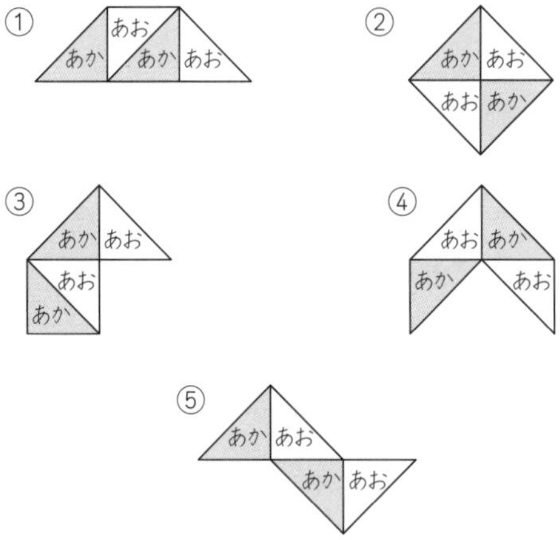

2 ① 2こ　② 3こ　③ 4こ

④ 4こ　⑤ 4こ

11 どちらが　ひろい (P. 24・25)

1 あ

2 ① 12ます　② 13ます　③ い

3 ① う　② い

4 あ

12 たしざん(くりあがり) (P. 26・27)

1 ①

② 6＋5＝11　11こ

2 7＋6＝13　13にん

3 ① 11　② 14　③ 16　④ 11
⑤ 13　⑥ 14　⑦ 15　⑧ 17
⑨ 12　⑩ 15　⑪ 12　⑫ 11
⑬ 16　⑭ 17　⑮ 13

13 たしざん　50だい (P. 28・29)

1 ① 10　② 13　③ 13　④ 18
⑤ 14　⑥ 10　⑦ 7　⑧ 11
⑨ 17　⑩ 6　⑪ 15　⑫ 9
⑬ 16　⑭ 11　⑮ 13　⑯ 12
⑰ 9　⑱ 15　⑲ 12　⑳ 16
㉑ 6　㉒ 15　㉓ 7　㉔ 12
㉕ 7　㉖ 13　㉗ 7　㉘ 9
㉙ 11　㉚ 12　㉛ 15　㉜ 12
㉝ 11　㉞ 14　㉟ 13　㊱ 11
㊲ 12　㊳ 16　㊴ 13　㊵ 14
㊶ 11　㊷ 10　㊸ 12　㊹ 8
㊺ 17　㊻ 11　㊼ 14　㊽ 8
㊾ 14　㊿ 11

14 ひきざん(くりさがり) (P. 30・31)

1 ①(れい)

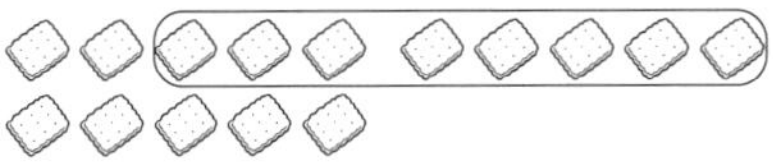

② 15－8＝7　7こ

2 12－7＝5　5こ

3 ① 8　② 3　③ 9　④ 7
⑤ 5　⑥ 9　⑦ 8　⑧ 3
⑨ 9　⑩ 7　⑪ 9　⑫ 2
⑬ 7　⑭ 9　⑮ 7

15 ひきざん　50だい (P. 32・33)

1 ① 3　② 9　③ 5　④ 9
⑤ 7　⑥ 6　⑦ 0　⑧ 3
⑨ 9　⑩ 3　⑪ 8　⑫ 5
⑬ 7　⑭ 2　⑮ 6　⑯ 8
⑰ 7　⑱ 9　⑲ 5　⑳ 8
㉑ 2　㉒ 6　㉓ 5　㉔ 9
㉕ 4　㉖ 4　㉗ 3　㉘ 6
㉙ 7　㉚ 3　㉛ 7　㉜ 6
㉝ 8　㉞ 5　㉟ 8　㊱ 9
㊲ 4　㊳ 9　㊴ 7　㊵ 8
㊶ 6　㊷ 8　㊸ 7　㊹ 2
㊺ 8　㊻ 4　㊼ 6　㊽ 4
㊾ 9　㊿ 5

16 2けたの　たしざん・ひきざん (P. 34・35)

1 10＋5＝15　15さつ

2 ① 18　② 18　③ 19　④ 16
⑤ 16　⑥ 17　⑦ 19　⑧ 17
⑨ 19　⑩ 17

3 16－3＝13　13こ

4 ① 10　② 12　③ 11　④ 12
⑤ 12　⑥ 13　⑦ 11　⑧ 16
⑨ 15　⑩ 12

17 3つの　かずの　けいさん (P. 36・37)

1 6＋4＋3＝13　13まい

2 13－3－4＝6　6こ

3 13－3＋5＝15　15にん

4 ① 10　② 8　③ 18　④ 17
⑤ 4　⑥ 7　⑦ 2　⑧ 6
⑨ 6　⑩ 5　⑪ 4　⑫ 6
⑬ 11　⑭ 15　⑮ 15

18 20より　おおきい　かず (P. 38・39)

1 ① 20→21→22→23→24→25→26→27→28→29

② 31→32→33→34→35→36→37→38→39→40

③ 30→29→28→27→26→25→24→23→22→21

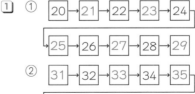

④ 51 → 50 → 49 → 48 → 47
→ 46 → 45 → 44 → 43 → 42

2 ① 80 → 90 → 100 → 110 → 120
② 110 → 100 → 90 → 80 → 70
③ 95 → 100 → 105 → 110 → 115
④ 112 → 114 → 116 → 118 → 120
⑤ 108 → 109 → 110 → 111 → 112

3 120

4 115

19 2けたの　たしざん･ひきざん (P. 40・41)

1 30＋7＝37　　37こ

2 ① 47　② 66　③ 64　④ 99
⑤ 28　⑥ 78　⑦ 12　⑧ 44
⑨ 79　⑩ 90

3 100－80＝20　　20えん

4 ① 30　② 44　③ 50　④ 34
⑤ 10　⑥ 33　⑦ 20　⑧ 1
⑨ 7　⑩ 40

20 たすのかな？　ひくのかな？ (P. 42・43)

1 ① 7 ＋ 6 ＝ 13
② 14 － 6 ＝ 8
③ 12 ＋ 4 ＝ 16
④ 17 － 4 ＝ 13

2 16－5＝11　　11にん

3 12＋5＝17　　17こ

4 18－6＝12　　12ひき

5 12－8－1＝3　　3にん

21 とけい (1) (P. 44・45)

1 ① 8じ　② ㋑　③ ㋖　④ (え)

2 ① 1じ　② 1じ30ぷん　③ 2じ
④ 4じ　⑤ 6じ　⑥ 7じ

22 とけい (2) (P. 46・47)

1 ① 1じ20ぷん　② 1じ40ぷん
③ 1じ50ぷん　④ 6じ5ふん
⑤ 8じ25ふん　⑥ 4じ45ふん
⑦ 7じ17ふん　⑧ 9じ31ぷん

2 ①

②

③

④

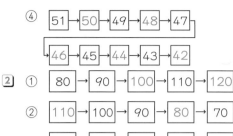

せいかつ

1 がっこう　たんけん (P. 48・49)

1 (せんで　つなぐ　もの)
① きゅうしょくしつ　② ほけんしつ
③ こうちょうしつ　④ としょしつ
⑤ たいいくかん

2 (せんで　つなぐ　もの)
① りかしつ　② ずこうしつ
③ おんがくしつ　④ かていかしつ
⑤ しょくいんしつ

2 はると　あきの　くさき (P. 50・51)

1 (せんで　つなぐ　もの)
① ほうせんか　② オクラ(おくら)
③ あさがお
④ マリーゴールド(まりいごおるど)
⑤ ひまわり

2 ① もみじ　② いちょう　③ さくら

3 ① あかいろ(きいろも　ある)　② きいろ

3 いろいろな　どうぐ (1) (P. 52・53)

1 ① やかん　② まないた
③ どなべ　④ ミキサー(みきさあ)
⑤ ホットプレート(ほっとぷれえと)

2 ①－(う)　②－(お)　③－(え)

④－(あ)　⑤－(い)

4 いろいろな　どうぐ (2)　(P. 54・55)

[1] ①ボタン(ぼたん)　②はりやま
③いと　④ファスナー(ふぁすなあ)
⑤メジャー(めじゃあ)

[2] ①－(う)　②－(お)　③－(あ)
④－(い)　⑤－(え)

5 いろいろな　どうぐ (3)　(P. 56・57)

[1] ①　かんな
②　ペンチ(ぺんち)
③　くぎ　④　ねじ　⑤　のこぎり

[2] ①－(う)　②－(え)　③－(あ)
④－(お)　⑤－(い)

6 いろいろな　どうぐ (4)　(P. 58・59)

[1] あかくぬるもの…①、②、④、⑩、⑪、⑫
あおくぬるもの…⑦
みずいろにぬるもの…⑤
ピンクにぬるもの…⑥、⑬、⑭
ちゃいろにぬるもの…③、⑮
みどりにぬるもの…⑧、⑨

[2] １－２Ｂ　２－Ｂ　３－ＨＢ
４－Ｆ　５－Ｈ

7 もようを　つくろう (1)　(P. 60・61)

(しょうりゃく)

8 ほんを　よもう (1)　(P. 62・63)

[1] ①－(う)　②－(あ)　③－(い)
④－(お)　⑤－(え)

[2] ①－(い)　②－(お)　③－(え)
④－(あ)　⑤－(う)

9 ほんを　よもう (2)　(P. 64・65)

[1] ①－(う)　②－(え)　③－(あ)
④－(い)　⑤－(お)

[2] ①－(お)　②－(え)　③－(あ)
④－(い)　⑤－(う)

10 とばそう (1) やりひこうき　(P. 66・67)

(しょうりゃく)

11 こうえん (1)　(P. 68・69)

[1] (しょうりゃく)

[2] ①　すべりだい　②　トイレ(といれ)
③　ベンチ(べんち)　④　みずのみば
⑤　ごみばこ　⑥　すなば
⑦　シーソー(しいそう)
⑧　ブランコ(ぶらんこ)
⑨　ジャングルジム(じゃんぐるじむ)
⑩　ばねの　のりもの

12 こうえん (2)　(P. 70・71)

[1] ①　おちばや　ごみを　はく
②　くさむしりを　する
③　ペンキ(ぺんき)を　ぬりかえる
④　かだんに　はなを　うえる
⑤　きの　えだなどを　きる
⑥　すなばの　すなを　いれる
⑦　ごみばこの　ごみを　あつめる
⑧　がいちゅうよけの　くすりを　まく

13 くさばなと　むし　(P. 72・73)

[1] ①　さくら　②　つつじ　③　ひがんばな
④　コスモス(こすもす)　⑤　すすき

[2] ①　かまきり　②　かたつむり
③　てんとうむし　④　くも　⑤　ちょう

14 いきもの (1)　(P. 74・75)

[1] (あか)　②　④　⑤　⑧　⑩
(あお)　①　⑦
(きいろ)　③　⑥　⑨

15 いきもの (2) (P. 76・77)

[1] ① りす　② かえる　③ へび
④ うさぎ　⑤ いのしし　⑥ さる
⑦ いたち　⑧ ねこ　⑨ うみがめ
⑩ たぬき　⑪ つる　⑫ わし
⑬ きつね　⑭ いぬ　⑮ かもしか
⑯ くま　⑰ しか　⑱ こうのとり
⑲ くじら　⑳ まぐろ
あかく　ぬるもの…①、④、⑤、⑥、⑦、⑧、⑩、⑬、⑭、⑮、⑯、⑰、⑲
あおく　ぬるもの…②、③、⑨、⑪、⑫、⑱、⑳

16 もようを　つくろう (2) (P. 78・79)

(しょうりゃく)

17 たべもの (1) (P. 80・81)

[1] ① たまねぎ　② いんげん
③ さといも　④ れんこん
⑤ チンゲンサイ (ちんげんさい)

[2] ①－㋒　②－㋓　③－㋐
④－㋑　⑤－㋔

18 たべもの (2) (P. 82・83)

[1] ① しょうが…㋒
② にがうり(ゴーヤー《ごおやあ》)…㋑
③ ごぼう…㋒　④ かぼちゃ…㋑
⑤ さつまいも…㋒
⑥ キャベツ(きゃべつ)…㋐
⑦ やまいも…㋒　⑧ とうがらし…㋑
⑨ オクラ(おくら)…㋑
⑩ きゅうり…㋑

19 たべもの (3) (P. 84・85)

[1] (あか) ③ ⑥ ⑩
(あお) ⑤ ⑧ ⑨
(きいろ) ① ② ④ ⑦

[2] (あか) ④ ⑤
(あお) ① ②
(きいろ) ③

20 とばそう (2) へそひこうき (P. 86・87)

(しょうりゃく)

こくご

1 あいうえお ㈠ (P. 124・125)

(しょうりゃく)

2 あいうえお ㈡ (P. 122・123)

(しょうりゃく)

3 あいうえお ㈢ (P. 120・121)

(しょうりゃく)

4 あいうえお ㈣ (P. 118・119)

(しょうりゃく)

5 のばして　よむ ㈠ (P. 116・117)

(しょうりゃく)

6 のばして　よむ ㈡ (P. 114・115)

(しょうりゃく)

7 のばして　よむ ㈢ (P. 112・113)

(しょうりゃく)

8 したから　よんでも (P. 110・111)

(しょうりゃく)

9 カタカナ ㈠ (P. 108・109)

(しょうりゃく)

10 カタカナ ㈡ （P. 106・107）

（しょうりゃく）

11 カタカナ ㈢ （P. 104・105）

（しょうりゃく）

12 かん字 ㈠ （P. 102・103）

1

① 小川《おがわ》の水草《みずくさ》
② 青《あお》い目《め》の人《ひと》
③ 大《おお》きい水車《すいしゃ》
④ 花見《はなみ》と月見《つきみ》
⑤ 白《しろ》い貝《かい》がら
⑥ 赤《あか》いお手玉《てだま》
⑦ 水田《すいでん》のいね
⑧ 小《ちい》さい子犬《こいぬ》
⑨ 水玉《みずたま》もよう
⑩ 早口《はやくち》ことば

2

① 小 子犬
② 白 貝
③ 小川 水草
④ 早口
⑤ 水田
⑥ 青 目 人
⑦ 水玉
⑧ 大 水車
⑨ 花見 月見
⑩ 赤 手玉

13 かん字 ㈡ （P. 100・101）

1

① 空《そら》の三日月《みかづき》
② 王女《おうじょ》のえ本《ほん》
③ 十七《じゅうしち（なな）》の文字《もじ》
④ 目立《めだ》つ子犬《こいぬ》
⑤ 六年《ろくねん》の男子《だんし》
⑥ 中一《ちゅういち》の女子《じょし》
⑦ 小犬《こいぬ》の目玉《めだま》
⑧ 山村《さんそん》の森林《しんりん》
⑨ 百人力《ひゃくにんりき》の男《おとこ》
⑩ 正月《しょうがつ》の天気《てんき》

2

① 目立 子犬
② 六年 男子
③ 小犬 目玉
④ 十七 文字
⑤ 空 三日月
⑥ 百人力 男
⑦ 正月 天気
⑧ 王女 本
⑨ 中一 女子
⑩ 山村 森林

14 かん字 ㈢ （P. 98・99）

1

① 本日《ほんじつ》は休《やす》み
② 天気《てんき》は上上《じょうじょう》
③ 名人《めいじん》の左手《ひだりて》
④ 先生《せんせい》の右足《みぎあし》
⑤ 花見《はなみ》の人人《ひとびと》
⑥ 千本《せんぼん》の赤糸《あかいと》
⑦ 草花《くさばな》のたば
⑧ ここは出口《でぐち》
⑨ 入《い》り口《ぐち》の先《さき》
⑩ 村《むら》の森《もり》と林《はやし》

2

① 花見 人人
② 入口 先
③ 草花
④ 本日 休
⑤ 村 森林
⑥ 天気 上上
⑦ 名人 左手
⑧ 出口
⑨ 先生 右足
⑩ 千本 赤糸

15 かん字 ㈣ （P. 96・97）

1

① 大雨《おおあめ》のあさ
② 男子《だんし》は五人《ごにん》
③ 女子《じょし》は六人《ろくにん》
④ 夕《ゆう》やけの空《そら》
⑤ 中学二年生《ちゅうがくにねんせい》
⑥ 村《むら》の田《た》はた
⑦ 町《まち》の人《ひと》たち
⑧ 千《せん》さつの本《ほん》
⑨ 四百人《よんひゃくにん》の村《むら》
⑩ 金《きん》いろの月《つき》

2

① 夕 空
② 町 人
③ 千 本
④ 金 月
⑤ 大雨
⑥ 四百人 村
⑦ 男子 五人
⑧ 中学二年生
⑨ 村 田
⑩ 女子 六人

16 かん字 ㈤ （P. 94・95）

1

① 右手《みぎて》でもつ
② 左足《ひだりあし》でける
③ 女《おんな》の人《ひと》です
④ 男《おとこ》の子《こ》です
⑤ 川《かわ》の水《みず》だね
⑥ 山《やま》の土《つち》だね
⑦ 白《しろ》い車《くるま》かな
⑧ 赤《あか》い花《はな》かな
⑨ 竹《たけ》の下《した》だよ
⑩ 木《き》の上《うえ》だよ

2

① 男 子
② 山 土
③ 赤 花
④ 木 上
⑤ 左足
⑥ 竹 下
⑦ 女 人
⑧ 右手
⑨ 白 車
⑩ 川 水

17 かん字の　たしざん ㈠ （P. 92・93）

1

① 右手《みぎて》
② 左足《ひだりあし》
③ 女王《じょおう》
④ 男子《だんし》
⑤ 火山《かざん》
⑥ 森林《しんりん》
⑦ 草花《くさばな》
⑧ 水田《すいでん》
⑨ 空中《くうちゅう》
⑩ 天気《てんき》

2

① 天　② 手　③ 林　④ 空　⑤ 花
⑥ 田　⑦ 女　⑧ 山　⑨ 足　⑩ 右
⑪ 火　⑫ 左　⑬ 気　⑭ 子　⑮ 森
⑯ 中　⑰ 王　⑱ 水　⑲ 草　⑳ 男

18 かん字の　たしざん ㈡ （P. 90・91）

1

① 足音《あしおと》
② 七草《ななくさ》
③ 土手《どて》
④ 十字《じゅうじ》
⑤ 上空《じょうくう》
⑥ 名人《めいじん》
⑦ 山村《さんそん》
⑧ 天下《てんか》
⑨ 水車《みずぐるま》《すいしゃ》
⑩ 年月《としつき》《ねんげつ》

2

① 土
② 草
③ 年
④ 音
⑤ 人
⑥ 字
⑦ 村
⑧ 車
⑨ 上
⑩ 月
⑪ 足
⑫ 名
⑬ 手
⑭ 天
⑮ 十
⑯ 空
⑰ 下
⑱ 七
⑲ 山
⑳ 水

19 かん字の　たしざん ㈢ （P. 88・89）

1

① 小石《こいし》
② 青虫《あおむし》
③ 正月《しょうがつ》
④ 赤土《あかつち》
⑤ 白目《しろめ》
⑥ 早耳《はやみみ》
⑦ 入学《にゅうがく》
⑧ 出口《でぐち》
⑨ 休日《きゅうじつ》
⑩ 先生《せんせい》

2

① 青
② 白
③ 学
④ 早
⑤ 虫
⑥ 土
⑦ 小
⑧ 月
⑨ 生
⑩ 口
⑪ 石
⑫ 耳
⑬ 休
⑭ 赤
⑮ 先
⑯ 正
⑰ 出
⑱ 目
⑲ 日
⑳ 入

らくらく全科プリント　小学1年生

2011年4月20日　初版発行
2021年1月20日　改訂版発行

監　修：陰《かげ》　山《やま》　英《ひで》　男《お》
著　者：三《み》　木《き》　俊《しゅん》　一《いち》
発行者：面《おも》　屋《や》　　洋《ひろし》

発行所：フォーラム・A

〒530-0056 大阪市北区兎我野町15-13
TEL：06-6365-5606
FAX：06-6365-5607
振替：00970-3-127184
HP：http://foruma.co.jp/

制作担当編集：藤原　幸祐　★★1122

表紙デザイン：ウエナカデザイン事務所
印刷・製本：東洋紙業高速印刷株式会社